刘师培讲读书

刘师培 著

河海大学出版社
HOHAI UNIVERSITY PRESS
·南京·

图书在版编目（CIP）数据

刘师培讲读书/刘师培著.--南京:河海大学出版社,2019.10
ISBN 978-7-5630-6018-4

Ⅰ.①刘… Ⅱ.①刘… Ⅲ.①读书笔记－中国－近代Ⅳ.①Z429.5

中国版本图书馆CIP数据核字(2019)第125111号

书　　名 / 刘师培讲读书
书　　号 / ISBN 978-7-5630-6018-4
责任编辑 / 毛积孝
特约编辑 / 李　路　　叶青竹
特约校对 / 黎　红　　董　瑞
出版发行 / 河海大学出版社
地　　址 / 南京市西康路1号（邮编：210098）
电　　话 /（025）83722833（营销部）
（025）83737852（总编室）
经　　销 / 全国新华书店
印　　刷 / 三河市元兴印务有限公司
开　　本 / 880mm×1230mm　1/32
印　　张 / 7.625
字　　数 / 158千字
版　　次 / 2019年10月第1版
印　　次 / 2019年10月第1次印刷
定　　价 / 59.80元

《大师讲堂》系列丛书
▶ 总序

/ 吴伯雄

梁启超说:"学术思想之在一国,犹人之有精神也。"的确,学术的盛衰,关乎一个民族的精神气象与文化氛围。民国是一个动荡不安的时代,内忧外患,较之晚清,更为剧烈,中华民族几乎已经濒临亡国灭种的边缘。而就是在这样日月无光的民国时代,却涌现出了一批批大师,他们不但具有坚实的旧学基础,也具备超前的新学眼光。加之前代学术的遗产,西方思想的启发,古义今情,交相辉映,西学中学,融合创新。因此,民国是一个大师辈出的时代,梁启超、康有为、严复、王国维、鲁迅、胡适、冯友兰、余嘉锡、陈垣、钱穆、刘师培、马一孚、熊十力、顾颉刚、赵元任、汤用彤、刘文典、罗根泽……单是这一串串的人名,就足以使后来的学人心折骨惊,高山仰止。而他们在史学、哲学、文学、考古学、民俗学、教育学等各个领域所取得的成就,更是创造出了一个异彩纷呈的学术局面。

岁月如轮,大师已矣,我们已无法起大师于九原之下,领教大师们的学术文章。但是,"世无其人,归而求之吾书"(程子语)。

大师虽已远去，他们留下的皇皇巨著，却可以供后人时时研读。时时从中悬想其风采，吸取其力量，不断自勉，不断奋进。诚如古人所说："圣贤备黄卷中，舍此安求？"有鉴于此，我们从卷帙浩繁的民国大师著作当中，精心编选出版了这一套"大师讲堂系列丛书"，分辑印行，以飨读者。原书初版多为繁体字竖排，重新排版字体转换过程当中，难免会有鲁鱼亥豕之讹，还望读者不吝赐正。

吴伯雄，福建莆田人，1981年出生。2003年考入福建师范大学古代文学研究系，师从陈节教授。2006年获硕士学位。同年9月考入复旦大学中文系古代文学专业，师从王水照先生。2009年7月获博士学位。同年9月进入福建师范大学文学院古代文学教研室工作。推崇"博学而无所成名"。出版《论语择善》(九州出版社)，《四库全书总目选》(凤凰出版社)。

目录

《韩诗外传》书后 | 001

《周礼》行人诸职隶秋官说 | 003

《礼记注疏校勘记》书后 | 005

《王制篇集证》自序 | 006

《西汉周官师说考》序 | 009

《春秋名字解诂》书后 | 012

《读左札记》序 | 013

《尔雅虫名今释》序 | 014

《晏子春秋斠补》自序 | 016

《晏子春秋》篇目考 | 018

《〈史记〉述〈左传〉考》自序 | 020

《汉书·艺文志》书后 | 023

许冲《上说文表》书后 | 024

《文史通义·言公篇》书后 | 026

《老子斠补》自序 | 028

《老子韵表》自序 | 033

《鬼谷子》书后 | 035

《荀子词例举要》序 | 036

《荀子补释》自序 | 037

《韩非子斠补》自序 | 039

《吕氏春秋斠补》自序 | 043

《吕氏春秋高注校义》自序 | 048

《吕氏春秋高注校义》后序 | 050

《黄帝内经素问校义》跋 | 052

《法言斠补》自序 | 054

《白虎通义斠补》自序 | 059

《风俗通义》书后 | 063

读《道藏》记 | 065

《六帖》书后 | 066

《文说》序 | 067

《群经大义相通论》序 | 069

《两汉学术发微论》总序 | 071

《汉宋学术异同论》总序 | 073

《理学字义通释》序 | 075

《古历管窥》后序 | 077

《国学发微》序 | 079

《古政原始论》总叙 | 080

《经学教科书》序例 | 082

《伦理教科书》序例 | 084

《中国文学教科书》第一册序例 | 086

《中国历史教科书》凡例 | 089

《中国地理教科书》序例 | 091

《中国地理教科书》序 | 093

《中国民约精义》序 | 095

《公羊》《尔雅》相通 | 096

贾生《鵩赋》多佛家言 | 097

"儒林""文苑""道学"分传之由 | 099

音韵反切近于字母 | 100

"有教无类" | 103

《孟子字义疏证》解"理"字 | 104

性善性恶 | 105

富贵贫贱 | 106

氏、姓不同 | 108

孔门论学之旨 | 109

音近义通之例多见于《小尔雅》 | 111

古代以黄色为重 | 113

《周易》言位无定 | 116

古人贵能让 | 117

"虽有周亲，不如仁人" | 118

"法先王""法后王" | 119

析支即鲜卑 | 120

游牧之制至三代犹存 | 121

火山 | 122

字有虚用实用之分 | 123

孔门弟子多治诸子学 | 124

《易》不言五行 | 126

《易》言"不生不灭"之理 | 128

《山海经》不可疑 | 129

西域道路古今不同 | 131

阳明格物说不能无失 | 132

《墨子·节葬篇》发微 | 134

《王制篇》言地理中多精言 | 136

理学不知正名之弊 | 137

《春秋繁露》言共财 | 139

西周强大所由来 | 140

王季无迁周事 | 141

太康失邦非避羿乱 | 142

稷契非帝喾子 | 144

夙沙即肃慎 | 145

秦汉说经书种类不同 | 146

汉人之称所自来 | 149

用水火必时｜150

尬当作楷｜151

《黄帝内经素问校义》书后｜152

《易·系辞》多有所本｜154

古代医学与宗教相杂｜156

《助字辨略》正误｜158

《史记》用古文《尚书》考略｜161

《礼经》公士大夫｜164

孔子生卒年月｜167

《诗毛传》偶与《国语》异说｜170

"既生霸""既死霸"｜171

"哉生霸"｜174

卦气｜177

《佚书·汤诰》"维三月"｜179

《左传》"六律七音"服注｜180

五德相胜｜183

"郑伯南也"先后郑异说｜184

"克己复礼"｜186

武梁祠画像｜188

《文选古字通疏证》书后｜189

读《全唐诗》发微｜190

《樊南文集详注》书后 | 195

宋于庭《朴学斋文录》书后 | 197

《元宪集》书后 | 199

《浮溪集》书后 | 200

《苏诗合注》书后 | 201

《总同盟罢工论》序 | 203

《共产党宣言》序 | 206

《国粹学报》三周年祝辞 | 208

《衡报》发刊词 | 212

劝各省州县编辑书籍志启及凡例 | 214

论中国宜建藏书楼 | 230

《韩诗外传》书后

　　《韩诗外传》赵校本，其所订正，迥出周氏注本上。如卷六"知其石也"下有"因复射之至而金……"十六字，周本均捝。今考《书钞》（一百六十。）《类聚》（六。）《御览》（五十一。）所引，均有此文。（《书钞》无"金"字，《类聚》《御览》"跃"作"摧"，无"熊渠"以下之文。）卷三"楯折为三"，赵据《御览》改"楯"为"軛"，今考《书钞》（一百四十一軛部。）所引，亦作"軛"。卷六"夜行寝石"，赵据《新序》于"行"下补"见"字，今考《书钞》（一百六十。）所引，亦有"见"字。卷九"安往而不得贫贱乎"，赵据《御览》于"得"下增"吾"字。今考《书钞》所引，（百卅六。）亦有"吾"字。卷十"遇神渊"，赵据《御览》改"遇"为"过"，今考《书钞》（一百五十三。）所引，亦作"过"。则赵改旧本非臆说矣。惟所改或未尽，如卷一"坐置之沙上"，《书钞》（一百五十九。）所引，上有"跪"字。卷二"自拘于廷"，《书钞》（五十三。）所引，下有"尉"字。（廷尉为官名。）卷五"其惟文王乎'，《书钞》（一百零九。）引"乎"作"也"上有"音"字。（《初学记》十所引，乎上亦有"之间"二字。）此均今本挩文也。卷一"至于阿谷之隧"，《书钞》（一百五十九。）《御览》（七十四。）均引"隧"作"阳"。卷二"听微决疑"，《书钞》（五十三。）引"微"作"狱"。卷十"菑邱䜣及三蛟一龙"，《书钞》（一百五十三。）引"菑"作"蕃"，引"一"作"三"。此均今本讹文也。又卷一"聪者自闻，明者自见"。《说苑》（《杂言篇》。）作"耳闻目见而好干上"，《说苑》（同。）作"上忤其君"。卷二"授绥"，《意林》引《吕氏春秋》作"援"，疑"授"为"援"之误。两"自"字为耳目之误，"干"为午之挩。因书之以补赵校之缺。

《周礼》行人诸职隶秋官说

《周礼》大行人以下十一职,并掌四方宾客及使令事,同属秋官。近孙氏《正义》谓:"司寇佐王刑邦国,诘四方,故以义类属之。"其说非是。行人为掌使之官,古文"使"与"吏"同。周《夷敦》"王吏小臣守",即"王使小臣守"也。《说文》云:"吏,治人者也。"《贾子新书·大政篇》云:"吏之谓言理也。"《汉书·王莽传》云:"夫吏者,理也。"是"吏"与"理"同。古代理即法官,唐虞曰士,夏曰大理。(郑君《礼记·月令》注。)《管子·法法篇》作"皋陶为李"。是吏、士、李、理,均以同部之字互名。(《说文》:"士,事也。"古"事"字盖与使、吏同,如《小子师敦》"飨事"即"享使"是也。)而行人之官,亦有行理、行李之称。盖古代之使为出疆莅讼之官,与刑官合一。曰吏、曰理、曰李,均在内之称;曰使、曰行理、曰行李,均出境之称。《山海经》言巴人请讼于孟涂，《史记》言召公巡行听狱棠树下，亦使臣察狱之征。使臣所职，盖与周代迋士往四方成狱职掌相同。故周以宾礼及使命掌于行人，然职属秋官，仍符命使最初之意。故宣究其义，以俟考职官者采焉。

《礼记注疏校勘记》书后

《檀弓下》："子思之母死于卫。"郑注云："嫁母也，姓庶氏。"又云："庶氏之母死，而哭于孔氏之庙乎？"郑注云："嫁母与庙绝族。"今案：经文"庶氏之母"，当作"庶氏之女"。"母"涉注文"嫁母"而讹。《急就篇》卷一："庶霸遂。"颜注曰："庶氏之先，本出卫之公族，以非正嫡，遂号庶氏。《礼记》曰：'子思之母死于卫'，庶氏之女也。"则唐初之本，经文作"女"不作"母"。盖庶为子思之母所自出，非再嫁于庶氏也。误"女"为"母"，始于开成石经，然郑樵《通志·氏族略》卷五"庶氏"注云："子思之出母庶氏。"王应麟《姓氏急就篇》庶类别注云："庶氏，卫公族，以非正嫡，号庶氏。《礼记》子思之母，庶氏之女也。"仍沿颜说。或宋本之中亦有作"女"不作"母"者。然足证抚州诸刻之误矣。

《王制篇集证》自序

　　《礼记正义》引卢植说云："汉孝文皇帝令博士诸生作此《王制》之书。"考《史记·封禅书》云："文帝召鲁人公孙臣，拜为博士，与诸生草改历服色事。"明年，"使博士诸生刺六经作《王制》，谋议巡守封禅事"。《汉书·郊祀志》同。此《王制》作于汉文时之证。又考赵岐《孟子题词》言：汉文之时，"《孟子》《尔雅》皆立博士"，而《王制》一篇，多掇《孟子》《尔雅》，说书为汉文博士所辑，确然可征。况巡狩之事，所言特详，与《史记》谋议巡狩封禅合。周尺东田，又系汉制，则《礼记》之《王制》即文帝时所作《王制》也。郑君《三礼目录》云："名曰《王制》者，以其记先王班爵、祭祀、养老之法度。"此于《别录》，属制度。《郑志》答临硕问云："孟子当赧王之际，《王制》之作，复在其后。"驳《五经异义》云："《周礼》是周公之制，《王制》是孔子之后大贤所记先王之事。"是《王制》作于汉文时郑君虽未明言，然一云出孟子之后，一云是孔子之后大贤所记，亦未尝定指为周人作也，不得据郑说以非卢说。近儒孙志祖、臧庸均宗郑难卢。孙之言曰："文帝《王制》非《礼记·王制》，卢以书名偶同牵合之。"臧之言曰："刘向《别录》云：文帝时所造书，有本制、兵制、服制篇，《礼记·王制》无言服制、兵制者，则非汉文书审矣。"不知兵制、服制本别自为篇，特本制存而彼篇亡耳。且卢氏为汉人，奚至误解汉事？孙、臧所言，非笃论也。盖《王制》一书，为汉文博士所辑，各出师说，汇为一编，故一篇之中，有古文说，有今文说，不拘于一经之言也。所记之制有虞、夏制，有殷制，有周制，不拘于一代之礼也。不拘于一经之言，故《史记》言其剌六经而成；不拘于一代之礼，故郑君以为所记乃先王之事。是则《王制》一篇与《白虎通德论》例同，乃杂采众家之说、历代之制而成者也。当西汉之初，叔孙通之流皆传古文以昭荀卿之传，及伏生、韩婴、辕固之学盛于燕、齐，而今文之学起。文帝之时，诸经咸立博士，古文、今文，说靡轩轾。故《王制》一篇，兼采今古文说。如首章言"王者之制禄爵，公、侯、伯、子、男凡五等"。以天子非爵，与《公羊》制爵三等，今易天子为爵称殊。又言："诸侯之上大夫卿、下大夫、上士、中士、下士凡五等。与《公羊》上士、下士制殊。若夫分天下为左、右，曰二伯，郑注以为即周、召分陕事。又言"冢宰制国用"，宰官至周始尊，惟周官以理财属太宰足征。《王制》兼采周制，惟周制与古并举，故郑注《王制》必证某为殷礼，某为虞、夏礼，在当时均有所承。其注周官经，亦兼引《王制》，正以《王制》之中亦有周礼。是则考《王制》者，当首知语本某书为某家之说，继当知此制属某代，然后其说可通。若仅以一家之言、一代之制目之，失其旨矣。近人解《王制》者其误有二：一以《王制》为孔子改制之书，或以为合于《谷梁》，或以为合于《公羊》，不知《王制》所采，不仅今文；所采今文，不仅《公》《谷》谓之偶取《公》《谷》则可，谓之悉符《公》《谷》则不可。一以群经非古籍，均依《王制》而作，不知此乃《王制》依群经而作也。若谓群经依《王制》作，则执流为源。不揣固陋，作《王制集证》，首定某制本某经，以证所采非一家之言；继定某制属某代，以证所辑非一代之制。其所不知，则姑从缺。是亦祖述卢氏之义耳。

《西汉周官师说考》序

昔仲尼闵王道之陵迟,忧礼乐之不正,周流应聘,还辕邹鲁,制作《春秋》,约以《周礼》,就是非之说,立动作之中,内而蒐、狩、烝、尝,外而朝、聘、会、遇,经有劝惩,佥与礼应。故班爵必首上公,书名弗遗三命。至于名位不同,礼亦异数。丘明作《传》,言必宗典,计数纤啬,概准六官。其所诠揭,尤在地域。何则?太宰六典,职方九州,制缘地立,若车依辅。周辙既东,声化沦息,杞即东夷,晋置戎索,四海之内,盖方三千。《春秋》垂素王之法,明无外之规,援鲁史以逆礼经,审周道以知上世,稽古立制,在壹统类。故必谂旧章于象魏,被端委于裸饰,植九服之恒型,缅万邦于前宇,惠中国以委四方,称远迩以等贡献。庶振动从服,迄于通达,趋使安乐,靡介幽间。是以《传》形事实,则邾、莒为夷;《经》櫜《礼》文,则荆舒进夏。吴光拟文于上国,秦术祛陋于西戎。周行之列,覃及采卫;王祭之供,弗遗芊楚。所以审后王之道,总天下之要也。是知《春秋》《周官》,经区述作;聿稽授受,并肇孔门。孔子曰:"吾学周礼,今用之,吾从周。"荀卿子曰:"爵名从周。"又曰:"一家得周道,举而用之,不蔽于成积。"此之谓也。圣人既殁,大义乖绝,儒学之徒,恉主约施,推类有方,举隅蔽积,迹平桓之版图,纮六经之令典,疆理既殊,礼文宜泮,各抒所知,著造传记。孟子言:"四海之内,方千里者九。"邹衍书曰:"儒者所谓中国者,于天下乃八十一分居其一。"说《尚书》者亦曰:"王者不治,夷狄正朔不加,则君子所不臣。"俗说宗之,以为汤、武不能禁令,楚越不受制。荀卿难曰:"汤武者,至天下之善禁令者也。彼楚、越者且时享、岁贡、终王之属也。必齐之日祭、月祀之属然后曰受制耶?"是则方舆广狭,经说骈歧,举大举小,荀、孟殊原。荀准《周官》,与圣同契;孟符《王制》谊肇后师。爰及西汉,《王制》业昌,五经家言,靡弗准焉。《周官》之学暗而不章。孝平季年,说始芽萌,发见《周礼》,以明殷鉴。新莽制法,椠模斯频,凡所阐绎,盖出子骏。斯时本纪无说,通以《王制》,二书并文,莽传数见。虽地有赢绌,制弗揆齐,其它品数,推放并准,以近知远,以浅持博,说有详略,例得互补,析二孤于九卿之中,别四伯于二公之外,斯其证也。东汉初业,雅达聿兴,众师踵业于南山,景伯振条于虎观,比义会意,冀别莽说,櫱杕古学,立异今文,典无巨细,概主劈析。后郑作注,稽业扶风,参综今学,附比移并,同事相违,疑炫难壹，今古之棷，至斯亦抉。师培服习斯经，于兹五载，窃以六代暨唐惟宗郑说，隋文阐义，鲜关旨要，西京逸绪，缊奥难见，顾鲜寻绎，莫能原察。用是案省班书，比攸甄录贾马诸说，亦间采刺《春秋》内外传，旁逮《大戴记》《周书》之属，以证同制，成《西汉周官师说考》二卷。虽复节族久绝，法数滋更，然故典具存，师说未替，辨迹逆源，咸有签验。庶圣王之文，具于簠席；太平之迹，布在方策。世之君子，或有取焉。民国二年正月仪征刘师培识。

《春秋名字解诂》书后

高邮王先生伯申作《春秋名字解诂》,得一百五十五条。近德清俞氏、长沙胡氏,匡缺补遗,咸有撰著。予治左氏书亦略诠数则,以补三家之缺。鲁公子买,字子丛,"买"当作"梖",梖为木名,《尔雅》有丛木。楚公子贞,字子囊,"囊"通作"襄","襄"义近贞。伍员字子胥,"胥"为"胥徒"之胥。员者,众也。(《广雅》。)宋乐筏,字子潞,"筏"读为"茷",水中津筏也。潞,晋水名。祁奚字黄羊,《庄子》有"羊奚",系菜名也。卫公孙牟,字子之,"牟",大麦也。"之"为秀茁之义。(见《说文》。)淳于光羽,字子乘,羽,羽葆车也。乘为车乘。秦子蒲,名葳,"葳"读为"箴",蒲苹席也。(见《尚书·康王之诰》马注及《说文》。)以上八条,均王、俞、胡三氏所未言。盖王、俞以改字讹,胡以不改字致误,穿穴比傅,其失盖均。然王书缜密严栗,匪俞、胡所克逮也。

《读左札记》序

昔先曾祖孟瞻公昌明《左氏》之学，以《左氏》古义厄于征南，因掇拾贾、服、郑三君之注，疏通证明，作《左传旧注疏证》。上征子骏、叔重之师说，近采顾、惠、焦、洪之遗编，末下己意，以定从违。长编甫具，纂辑未成，伯父恭甫公赓续之，至襄公四年，后成绝笔。旁治《左氏》凡例，亦未成书。予束发受经，思述先业，牵率人事，理董未遑，先成《读左札记》一书，虽采辑未丰，亦考订麟经之一助也。

《尔雅虫名今释》序

近儒钱氏坫作《尔雅》以下四篇《通释》，于古人一丘一水必求其所在。以今地证古地，以今音证古音，于近儒之书，均为征实。盖考古不能知今，则为无用之学，匪独地学然也，即物名亦然。以今物证古物，与以今地证古地，其功略同。昔宋儒罗愿、陆佃于古籍所详庶物，咸考其形状，证以乡曲之称，其学亦邻于征实，特不明声音训故，故物名起源言之未晰。至近儒高邮王氏作《广雅疏证》，凡花柳竹木，鸟兽虫鱼，皆购列于所居，故诠释物类，咸以得之目验者为凭。即郝氏疏《尔雅》，桂氏疏《说文》，咸以今物证古物，与王氏之文略同。仆幼治小学，知万物之形状，均可于声音训故求之，拟仿钱氏坫《释地》以下四篇之例，作《尔雅物名今释》，惟编纂未成，先成《释虫》一篇，以为博物学之一助。夫近儒之论物名也，谓一物数名，或由言语递转，或由方土称谓各异，此固不易之说矣。顾一物必有一物之名,而名各有义。试即《尔雅·释虫》一篇言之,其命名之义,约有十二例。如蟋蟀、螇螰、蜎蝑,此以自鸣之声呼之者也。蛄䗐、蜉蝣、蚨蝎、诸虑、尺蠖、蒺藜、虹蛵、鼅鼄(蜘蛛)、蛷蟧、果蠃,此以形状得名者也。寒蝉之属,此以所生之时名之者也。齧桑、守瓜、负版,此以所具之能名之者也。草螽、土螽、土蜂、木蜂、桑虫,此以所生之地别之者也。蜻蜻、蠸舆、文白鱼,此以颜色别之者也。毛蠹、长踦,此以形体别之者也。王蚊、茅蜩、马蜩、大蚁、蠛蠓,此以种类大小别之者也。有以音近名者,如蛾罗、强蚚是。有以切语名者,如"莫貈"即"蛨"是。有以合音名者,如"齧桑"即"蠰"是。有以相似之物而同名者,如"渠略",即"蛣蜣"是。以上诸例,岂惟虫类惟然哉,凡万物名字歧异,皆可以诸类求之。故今作《尔雅虫名今释》,先溯其得名之源,继以今名释古名,证明古物即今某物。得之目验者半,本于故籍者亦半,其所不知,则缺如也。

《晏子春秋斠补》自序

　　《晏子春秋》元本已多讹挩，孙刻略依沈启南本，又较元本为逊。以今考之，有佚文，（如《书钞》二十七、三十二引《晏子春秋》有"知之者昌，不知者亡"二语，各本均挩。）有错简，（如第七篇"堂上生藜藋"节，当作"七年而家无积，公自治国，权轻诸侯，身弱高国，燕鲁分争，百姓惛乱"。）兼有挩，（如第二篇"明君不屈民财者"数语，合以《治要》所引，当作"明君不屈民财，不穷民力，君屈民财者"云云。第七篇"公曰勿杀"下，证以《御览》所引，及《说苑·辨物篇》当补"而谢之"三字。卷五"夜移于晏子"，证以《说苑》，"子"下当补"家"字。又第一篇"今有之家"，"有"下挩"车百乘"三字。第八篇"善乎晏子之愿也，晏子对曰"，"也"下挩"载一愿"三字。"吾详问子何为，对曰"，"对"下挩"晏子对"三字是也。）衍、（如第一篇"以随百官之吏民饥饿、穷约而无告，使上淫湎失本而不恤"，"吏"当作"使"，与下对文。"之"为衍字。第五篇"此北郭子为国故死","此"字不可通。《吕氏春秋·士节篇》《说苑·复恩篇》均无"此"字。"此"乃"北"字讹文。又第三篇"问之里人其故",证以《韩诗外传》七,"之"为衍字。第六篇"而顺乎神",证以《说苑·辨物篇》,"而"为衍文是也。)误讹(如第四篇"不以众彊兼人之地",证以前文"地博不兼小",则"彊"即"疆"。第三篇"国有义劳",证以前文"上羡获","义"当作"羡","守则而不亏,立法仪而不犯",证以后文"守于民财,无亏之以利"四语,"则"当作"财"。又第一篇"故曰送楚巫于东","曰"当作"因"。第三篇"佞不吐愚","吐"当作"杜"。第七篇"贪味","味"当作"昧",即《左传·文十八年》之"贪冒"是也。)之字,而卢、王、俞、黄诸家或未及审正,因以孙、徐二刻为主,旁考唐宋类书所引,兼及明刊各本,凡诸子之文与互同者,亦互相勘正,疑义奥词,间加发正,(如第二篇"怨者满朝"及第三篇"怨业",各"怨"字均与"菀"同。第二篇"若其衣服节俭","若"当训"善"。第六篇"近而结","结"当训"诎"。又本书"傲"恒训"轻","华"均"侈"义是也。)成《晏子春秋斠补》二卷。惟第二篇"谓于民"与"节于身"对言,以第三篇"民有加利"及"厚民饶下"证之,"谓"疑"谮"误。(《说文》:谮,加也。)第四篇"君飨寡君",谊不可通,疑"飨"为"贶""庆"诸字假音,亦并存其说,以俟折衷。其所不知,则从缺如之例云。

《晏子春秋》篇目考

刘向《晏子叙录》言定著八篇二百一十五章。《汉志》儒家,亦列《晏子》八篇。而《史记·管晏列传》正义引《七略》,则云《晏子春秋》七篇。盖误八为七,或《七略》为《七录》之讹。隋唐志皆七卷,盖合杂上下二篇为一。(孙序谓合杂上下二为一,《音义》谓合两外篇为一,说互歧。)《史记·管晏列传》索隐云:"今其书有七十篇。"十为衍文。(张文虎《札记》引钱泰吉说。)则七篇之本,唐所通行。然唐代亦有八卷本,《意林》卷一列《晏子》八卷是也。宋代所行,一为十二卷本,即《崇文总目》《直斋书录解题》《玉海》《通考》所载是。盖就七篇之本,各析为二,惟两外篇未析。孙氏星衍谓二当作四,非也。一为七卷之本,即《通志·艺文略》所载是。《崇文总目》谓八篇,今亡。《书录解题》谓卷数不同,未知果本书。《玉海》亦以卷多为疑。盖八篇之本,宋代已亡。

元本八卷，四库本亦八卷。《拜经楼藏书题跋记》谓后人并合，以符《汉志》之数，其说近是。明刻均七卷，盖亦后人并合，以符《隋》《唐》志之数也。惟元本及明沈启南本均二百十五章，与《叙录》符。则篇目并合，各代虽殊，其残佚之文则鲜。顾犹有疑者，《史记·管晏列传》列越石父及御者二事，赞言"既见其著书，欲观其行事……至其书，世多有之，是以不论，论其轶事"。则越石父及御者二事，均不载本书。今二事列于杂篇上，故管同援以疑本书。今考以上二节，虽为选注诸书所引，然实非本书之旧，王念孙《杂志》据《治要》于《问篇上》"景公问欲善齐政"章析之为二，其说是也。又考《杂篇下》"景公以晏子食不足致千金"章"景公谓晏子曰"下黄之寀本别为章，盖所沿亦故本。故校斯书者当删越石父、御者二章，析"问善齐政"章、"致千金"章为二，庶较元本为长。若谓无本即向本，则《叙录》有章数无章名，且无每篇若干章之文。《崇文总目》又言八篇今亡，则元本各章目亦系校者所分，不以删易为嫌也。

《〈史记〉述〈左传〉考》自序

《太史公自序》言："年十岁诵古文。"又言："为太史令，䌷史记金匮石室之书。"古文者，即古文《尚书》《左氏》《国语》之属也。金匮石室者，汉代秘书所藏之所也。汉代秘府，有北平所献《春秋左氏传》及景武之际古文。《春秋经传》获于孔壁，兴与河间，此皆史公所克睹者也。故史公作《史记》，均据《春秋》古经及《左传》。又当此之时，贾嘉为贾谊孙，世传左氏学，（《史记》曰："嘉世其家。"即世传左氏学也。）而史公与之通书。孔安国为孔子之裔，躬藏孔氏古文，而史公从之问故。故《左氏》古谊，恒载《史记》，盖均贾、孔二子之绪言也。或谓史公之世，公羊之学盛行，而《自序》又引董生说，则史公所据之《春秋》，当属公羊。然《十二诸侯年表序》云："孔子明王道，于七十余君，莫能用，故西观周室，论史记旧文，兴于鲁而次《春秋》。上记隐，下至哀之获麟。约其辞文，去其烦重，以制王法。王道备，人事浃。七十子之徒口受其传指，为有所刺讥褒讳挹损之文词，不可以书见也。鲁君子左丘明，惧弟子人人异端，各安其意，失其真，故因孔子史记，具论其语，成《左氏春秋》。"是史公以《左传》为《春秋》嫡传也。所谓"因孔子史记"者，即孔子所论史记旧文。盖孔子据史记旧文而为经，丘明即存史记旧文以为传。《三代世表》云："孔子因史文次《春秋》……正时日月，盖其详哉！"《孔子世家》曰："因史记作《春秋》，上至隐公，下迄哀公十四年，十二公。据鲁，亲周，故殷……（非公羊家王鲁、新周、故宋之说也。）约其文词而指博。"此均《春秋》因旧史之证，亦《左传》采集旧史之征。盖左氏以旧史之详补《春秋》之约也。此史公考订《左传》之词。又《五帝本纪赞》云："予观《春秋》《国语》，其发明《五帝德》《帝系姓》章矣，顾弟弗深考，其所表见皆不虚。"《十二诸侯年表序》云："谱十二诸侯，自共和讫孔子，表见《春秋》《国语》，学者所讥盛衰大指著于篇，为成学治古文者要删焉。"《吴太伯世家》赞云："余读《春秋》古文，乃知中国之虞与荆蛮、勾吴兄弟也。则史公亲见《左传》夫何疑乎！"《汉书·迁传》赞文曰：司马迁据"《左氏》《国语》，采《世本》《战国策》，述楚汉春秋，接其后事，讫于天汉"。是班氏明言《史记》据《左传》也。若《史记》之于《公羊》，虽述董生之言，然《儒林传·董仲舒传》云："广川人，治《春秋》。"又曰："汉兴至于五世之间，惟董仲舒名为明于《春秋》，其传公羊氏也。"是史公仅以《公羊》为《春秋》别派，不以《春秋》即《公羊》，其曰"名为明于《春秋》"者，犹言世俗以为明《春秋》。疑盖之词，溢于言表。《十二诸侯年表序》云："上大夫董仲舒推《春秋》义，颇著文焉。""颇"为"稍略"之词。是史公以仲舒述《春秋》于义未尽，安得谓史公说本仲舒，又安得谓史公以《公羊》为《春秋》哉？故知史公作书，折衷左氏，丘明绪说，赖以仅存。西汉张、贾而外，说《左》之书莫古于《史记》，师培治《左氏》久，因依《传》文之序，取《史记》述《传》文者，条比其文，排次众说，成《史记述左传考》若干卷，以存西汉古文之说。若夫引后儒述《传》之词，执为《左传》最先之谊，转以史公所载与《传》互违，此则昧本之学矣。近儒梁玉绳诸氏恒蹈此失，非师培之所敢循也。

《汉书·艺文志》书后

班《志》叙诗赋为五种，赋析四类，区析之故，班无明文。校雠之家，亦鲜讨论。今观主客赋十二家，皆为总集，萃众作为一编，故姓氏未标。余均别集，其区为三类者，盖屈平以下二十家均缘情托兴之作也。体兼比兴，情为里而物为表。陆贾以下二十一家，均骋词之作也。聚事征材，旨诡而词肆。荀卿以下二十五家，均指物类情之作也，侔色揣称，品物毕图，舍文而从质。此古赋区类之大略也。班《志》所析，盖本二刘。自《昭明文选》析赋、骚为二体，所选之赋，缘题标类，迥非孟坚之旨也。

许冲《上说文表》书后

许冲《上说文表》末言"建光元年九月己亥朔二十日戊午上"，《校议》云："当作九月己卯朔二十日戊戌上。"此特改字以合建光元年之历耳。桂本改"光"为"元"未加诠释。今案"光"当作"元"，桂本是也。以四分术推之，惟灵帝元年改元建宁，岁在戊申，入庚子蔀。二十四年九月朔日为己亥，则许冲献书当在灵帝元年。许君生卒之年虽不克考，然《说文》成书，盖在安帝时，《后序》亦斯时所作。所谓"粤在永元困顿之年孟陬之月朔日甲申"者，（永元十二年正月朔甲申与四分历合，《校议》说是也。桂谓甲申非干支，非是。）特就撰书之年月言耳。（《后序》言解说凡十三万三千四百四十一字，冲表亦言十三万三千四百四十一字，则许冲所献之书，较许君撰作《后序》时未曾增损一字。若《后序》作于永元时，则示部祜下上讳二字既为安帝改元后所增，诂字训词又从省削，字数安得悉符？故知许书成于安帝世也。冲表又云：慎前以诏书校书东观，以文字未定未奏上。校书在安帝永初四年，而云文字未定，此又说文成于永初后之碻征也。《后序》所言永元十二年正月朔，乃成书以后，上溯作书之岁，犹《史记》自序上溯太初元年也。）灵帝元年，上距永元十二年虽历七十年，然《后汉书·夜郎传》云："桓帝时，郡人尹珍自以生于荒裔，不知礼义，乃从汝南许慎、应奉受经书图纬。"则桓帝之时许君尚克教授。灵帝元年许君未卒夫何疑乎？汉代经师多寿考，许君撰书于永元之朝，或年仅逾冠，迄灵帝元年，寿盈九十。冲疏言"今慎已病"，盖自知不克诣阙，故遣子献书，则许君之卒亦在灵帝初。若《说文》献于建光时，下去桓帝即位历二十七年，许君病于斯时，未必至桓帝时仍克教授也。则"延光"二字确为刊本之讹。然"元"讹为"光"唐本已然，张怀瓘书断以许君卒于安帝时，盖据斯而为臆说也。

《文史通义·言公篇》书后

　　章学诚《文史通义·言公篇》谓："古人之言，所以为公，未尝矜于文词，私为己有。"立说至精。夫《论语》立言，恒本古语；大戴集《礼》，半出贾、荀，前人论之已详。又古器铭文，语多相似，起止之词，述而不作。则又同体之文，沿袭承用，略事窜点，便成新裁。即诗歌之体，亦复旨别语同。观《柏舟》互见于《邶》《鄘》，《扬水》叠赓于《周》《郑》，盖发端之词，递沿成语，故不期其符而自符。厥后孟德作歌，或采《郑风》之语，或断《小雅》之章，盖言以明志，义各有当，不必词尽己出也。又即汉人之作观之，"心思不能言，肠中车轮转"，《乐府》两见其词；"大妇织绮罗，中妇织流黄"，艳词叠沿其句，此由矢口而成，取习见之词入己作。若夫汉碑之文，立词多同；又以文有定制，相沿已久，与钟鼎铭文同例。后世之文亦恒类此。如《真子飞霜镜》，释者定为晋物，其铭词曰："阴阳各为配，日月恒相会。白玉芙蓉匣，翠羽琼瑶带。同心人，心相亲，照心照胆照千春，凤凰鸳镜南风清。"又《广事类赋·镜赋》注引《类苑》谓何都巡出一古镜，其蒂有铭，今以飞霜镜铭相校，前缺"阴阳各为配"二语，末缺"凤凰"句七字。又江少虞《皇朝事实类苑》谓，熙宁末年，南陵耕者破冢得古圆鉴，背郭有铭，亦与《真子飞霜镜》略同。惟"凤凰"句移于铭首，易为"凤凰双头南金装"，又易"各为配"为"合配"，易"恒"为"两"，余均相符。又宋姚宽《西溪丛话》谓何都巡出古镜，其蒂有铭，今与《飞霜真子镜》相较，惟铭末无"凤凰"七字，铭首另增"对凤凰舞，铸黄金蒂"二语。（与《类苑》所载者疑同是一物，惟《类苑》未引前四句。）此数镜者，其铭词均略同，盖创始作铭之人，学者奉为研手句法，音韵俱出自然。传播既多，摹拟斯众，或略事损益，或传写致讹，此非古人不以雷同为耻也。古代文有定制，词有定施，虽沿袭前作，苟词得其宜，固不啻若自己出也。又考《事实类苑》记某镜铭云"当江写翠，对酒传红"，而《山左金石志》所记古镜铭有"当眉写翠，对脸敷红"二语，足证古代镜铭多点窜前人之作。又予所得唐石，有《江阳洪夫人墓志》，其铭文曰："陇树风悲，愁云月苦。一闭泉门，宛然今古。"而扬州所出唐墓石之文，多与彼四语同，或于四语以前，另增他句。是古代碑志之文，亦多沿袭。明于此例，则古代之一文两见，词句多同者，不必尽疑其赝。此亦章氏《言公篇》之旨也。

《老子斠补》自序

《老子》传于今者,文莫古于唐景龙碑,(传本亦或为后人所改。)注莫古于王弼。次则释文所详异字,唐宋各类书所引异文,亦多故本。(如《类聚》三、《书钞》一百五十四引"如登春台",《初学记》二十三引"谁氏之子",均与各善本合是也。若"自遗其咎",《治要》作"还自遗咎","其死也枯槁",《类聚》八十八"也"作"曰",亦故本异文。嗣外,则《初学记》十七引,"虚其心而实其腹",《类聚》九引"涣若冰将释",特损益助词,非必所据之本然也。又《书钞》二十七引"治大国"挩"大"字,卷七引"百姓心"挩"心"字,则系传写之挩。故《初学记》十七,《白帖》三十六,《御览》七十六所引,均有"心"字。至《书钞》一百四十九引"以为天下真",《初学记》七引"江汉所以能为百谷王",则误字耳。)然王弼以前,本书讹挩已多,弼注又疏于诂,故欲绎旧文故谊,必求诸东周秦汉之书。盖《老子》之文,恒为《庄》《列》所述,韩非《解老》《喻老》诠释尤晰。迄至西汉,则《淮南》所述为详。《文子》之书,又袭《淮南》。其他述《老子》者,于周则荀、吕、商、墨,于汉则陆、韩、贾、桓、扬、刘。或明著其文,或述其谊而殊其词,然所引均故书,所述亦均故谊。有足证今本挩字者,如"鱼不可脱于渊",证以《喻老》,则"渊"上挩"深"字。"子孙以祭祀不辍",证以《喻老》,则"以"下挩"其"字,"不"上又挩"世世"二字。"唯施是畏"三语,证以《解老》,则"唯"下挩"貌"字,(《广雅》云:"貌,巧也。")"径"下又挩"大"字。(大即迂夸之义。)"生之徒"四语,证以《解老》,则"人之生"下挩"生而动"三字,"死地"下挩"皆"字。("十有三"即九窍四肢合数。)"复众人之所过",证以《喻老》,则"复"下挩"归"字。(与"复归于无物"等同。)"故能成器长",证以《解老》,则"成"上挩"为"字(成器长,即大官。)是也。(亦有仅挩助字,如"不出户"数语,证以《喻老》,则"户牖"二字上各挩"于"字,"知见"二字上各挩"可以"二字。"可以有国",证以《解老》,则"可"上挩"则"字。"深根固柢",证以《解老》,则"深固"下各挩"其"字。"弱之胜强"数语,证以《淮南·道应训》,则"刚强"下各挩"也"字。"莫能"当作"而莫之能"。"受国之垢"数语,证以《淮南·道应训》,则"受"上各挩"能"字是。)有足证今本挩句者,如"上礼为之"数语,证以《解老》,疑上挩"礼以情貌"。"祸兮福之所倚",证以《解老》,疑下挩"有以成其功"是也。有足证今本讹挩相兼者,如"贵以贱为本",当从《淮南·原道训》作"贵者必以贱为号"是也。有足证今本衍文者,如"柔弱胜刚强",当从《解老》作"损(即自卑。)弱胜强"是也。有足证今本讹字者,如"少私寡欲",《解老》以"不思"与"无欲"对言,而《文选》注(谢灵运诗注。)亦引"私"作"思",则"私"为讹字。"不被甲兵",《解老》"被"作"备",即不恃甲兵之用。"以辅万物之自然",《喻老》"辅"作"恃","恃"盖"待"字之讹是也。("以其不病"二语,亦当从《喻老》作"以其不病,是以无病"。)"若夫措其爪",《解老》"措"作"错"。"不可以示人",《说苑·君道篇》"示"作"借"。"若冰之将释",《文子·上仁篇》作"若冰之液"。"为天下谿",《淮南·道应训》作"以为天下谿",又作"其为天下谿"。"故知足之足,常足矣",《喻老》作"知足之为足矣"。或因形近,或因义通,或损益助词,或属别义,亦古本老子之异文也。(又如"或不盈",《淮南·道应训》作"又",《墨子》佚文作"有"。"又""有"古通,或复通"有"。"若可寄天下",《庄子·在宥篇》作"则",《淮南·道应训》作"焉"。"焉""则""若"义同,亦古本异文。)后世而降,各本互有异同,凡与古籍所引相合者,均属未改之本。如"轻则失臣",引于《喻老》,"长短相形",引于《淮南·齐俗训》,则河上本为长。"故强字之曰道",引于《解老》

及《牟子》，"故人无弃人，物无弃物"，引于《淮南·道应训》，则傅本为长。"功成名遂身退"，引于《淮南·道应训》《文子·上德篇》，则王本为短。是则讹挩之迹，非勘以诸子弗克明。其有阐《老子》古谊者，如"常道""常明"，《解老》以"不易"及"有定"训常，《文子·道原篇》引之与"变"并言，则"恒久"为常。"治人事天莫若啬"，《解老》以"爱精神，啬知识相解"，《吕氏春秋·情欲篇》亦引此词，则事有所节为啬。"不善人者，善人之资"二语，《喻老》以纣索玉版事相诠，《淮南·道应训》以子发用偷者事相诠，则利而用之谓之"资"。"则攘臂而扔"，《解老》谓圣人复恭敬尽手足不衰。则"扔"即"因仍"；"攘臂"即行礼。"国之利器"二语，《韩非子·内储下篇》《亡征篇》及《喻老》，均以"刑赏"释"利器"，以"见"释"示"，则此指臣窥人君赏罚言。推之"生而不有"数语，即《吕氏春秋·贵公篇》"生而弗有"诸义也。（"辞"字同"始"毕说是。）"故能蔽不新成"，即《文子·上仁篇》"自损蔽"，（能盖同耐。）"不敢廉成"，"不敢新鲜"之义也。"却走马以粪"，"粪"为"粪田"，说见《解老》及《淮南·览冥训》。"若烹小鲜"，谊取"不挠"，说见《解老》及《文子·道德篇》，旧说昭垂，义非后起。若"太上下知有之"，《韩非·难三篇》所述异于《淮南·主术训》。"失德而后仁"节，《淮南·本经训》所述又异于《解老》。若斯之属，亦足证古谊之歧。盖《老子》汉注，今既不传，欲稽古说，惟资诸子。

诸子而外，则他籍文同《老子》而汉儒作解者，亦足匡王弼诸家之缺。如"刍狗"见于《淮南》，（《说山训》《齐俗训》。）证以高注，则"束刍"为狗，与刍灵同。"载营魄"见于《楚词》，（《远游》。）证以王注，则"载"训为抱。"营魄"，即灵魂。此亦故训之可稽者也。故师培校审斯书，惟征故谊。及故谊罕征，始互勘本书，以诤注说。如"常无欲，常有欲"，以下文"常无欲可名于小"相律，则"无欲""有欲"绝句。（与常无为、常无名、《庄子》常无有同。）而"贵食母"以下文"得其母"相例，则"食母"即"得母"。（食、德古恒互讹，如《周书》"王食"孙氏《斠补》易为"王德"。是《老子》书又德、得互用。）"侯王无以贵高"，以上文"为天下贞"相证，则"贵"为"贞"讹。（高涉下高字衍。）"质真若渝"，以上下两德字相较，则"真"亦"德"（悳）讹。［古德（悳）字与真近。］又"宠辱若惊"，"宠"疑训"贵"，与"贵大患"对文。"余食赘行"，"食"疑作"德"，与"行"对文。其所发正约百余事，按文次列成《老子斠补二卷》，以补王、洪、俞、孙所未备。若夫宣究义蕴，以经史大谊相阐明，或侈述微言眇义，高下在心，比傅穿穴，穷高远而乖本真，今辑斯编概无取焉。

《老子韵表》自序

近儒治韵学者详于经而略于子,然老、庄、管、晏、荀、吕之书,莫不有韵。惟《老子》纯属韵文,所用古韵,非惟足考古本音也,其有符于古合韵者,恒足征双声通转。如第十六章以"道"协"殆",则以"道""特"双声,读"道"为"特",犹《易·恒卦》以"道"协"始"也。第六十七章以"先"协"矣",则以"先""斯"双声,读"先"若"斯",犹《诗·小雅》"有兔斯首","斯"当读"先"也。第三章以"乱"协"治",则以"乱""力"双声,"乱"音转"力"。第五十三章以"剑"协"采",则以"剑""纪"双声,"剑"音转"纪",是犹《说文》"奭"从"而"声,"璽"从"玺"声也。第二章以"美"协"善",则以"善""视"双声,读"善"若"视"。第五十六章以"贱"协"贵",则以"贱""才"双声,读"贱"若"才",是犹《说文》"贯"从"贝"声,"元"从"兀"

声也。第二十七章以"妙"协"迷",则以"妙""靡"双声,读"妙"若"靡",犹"蛾眉""娥媌"之通转也。第八章以"争"叶"物",则以"争""脂"双声,读"争"若"脂",犹《楚词》以"匹"叶"程"也。古籍音转之例,得此益章。爰于校勘《老子》之余,萃上下两经各韵语,分部别居,辑为韵表,意所甄明,尤详合韵,俾世之览者,晓然于字音所转,必于本音之字为双声。则群籍协韵之歧,亦可援是递推矣。

《鬼谷子》书后

秦刊《鬼谷子》，据述古堂钞本，然亦非完帙。《书钞》九十九引《鬼谷子》云："木虽蠹，无风不折；墙虽隙，无雨不坏。墙坏于有隙，木蠹于有节。"今《谋篇》挩上四语，于下语二"有"字复误为"其"。观《意林》所引亦作"有"，则"其"为误字甚明。又《书钞》一百四十八引《鬼谷子》云："鲁酒薄而邯郸围。"注曰："邯郸属。"（下有挩字。）此亦今本挩文也。（陈本改注《淮南子》，《类函》本改注《庄子》，均因今本挩此文而改引。）《谋篇》"载司南之车"，《御览》所引作"肃慎氏献白雉"云云，秦校定为注文，孙诒让《札迻》复据《事物纪原》所引，定为乐台注。今考《书钞》一百四十于引本文外，（引本文"载"上有"必"字，秦本无。）兼引注文"肃慎氏"云云。此为乐注。疑邯郸条亦乐注。《意林》引杨泉《物理论》云："指南车见周官，亦见鬼谷先生。"则斯书晋已盛行，陶乐作注，均不必疑其赝也。

《荀子词例举要》序

昔高邮王氏作《经传释词》，近人德清俞氏继之作《古书疑义举例》，微词奥义，昭若发蒙，而周秦古籍均可读。仆少慕王、俞之学，拟举王、俞所未言者著为一书，以彰古籍文词之例。然俞氏引证简单，或不如王氏引证之浩博，今编此书，一循王氏之法。又念周秦故书，一书有一书之词例，惟先即每书之中，条举辞例，各自为编，然后勒成一书，庶几可以步王氏之尘乎！《荀子》一书，自垂髫以来，即朝夕披阅，又以王氏《集解》虽集众说之大成，然奥义隐词，未尽阐发，乃仿俞氏《诸子平议》例，胪列众说，以己意为折衷，成《荀子补释》，得义二百余条，均以阐明古训为主。然古训而外，间及词例，亦不下十余则，今即其关于词例者注而录之，别于《补释》以外，名曰《荀子词例举要》，世之精研文法者或亦有取于兹乎！

《荀子补释》自序

近儒所校子书，莫精于《荀子》。王氏《集解》，又集众说之成。然疑谊沉匿未发者，仍不下数十百事。如《修身篇》《菑然》，证以《论语》"涅而不缁"，"菑"与"缁"同；《礼论篇》"物取而皆祭之"，证以《礼记》"比时聚物"，"取"与"聚"同；《正名篇》"径易则不拂"，即《大戴》"径施则不拂"，"易"与"施"同；《大略篇》"六贰之博"，（下言则天府已。）即《周礼》"六典之贰"，"博"为"簿"省；《彊国篇》"辞赏也固"与"致命也恭"对文，"固"即《修身篇》"倨固"之"固"；《修身篇》"术顺墨"与"礼义倨"，"固执诈"与"精杂污"并文，"墨"即《礼论》《乐论》篇"瘠墨"之"墨"；（顺本误字，瘠与古文慎字近，因以致讹。后又易慎为顺。《礼论》以"瘠墨"与"惑贼"并言，"墨"与"贼惑"犹《左传》昏、墨、贼也。荀以刻死附生为墨，

"附生"即"贪",非墨子之"墨"也。)《解惑篇》"斯观",即《墨子》"干莘"之倒音;(干、观古通,辛、先、斯,声转。)《宥坐篇》"史付",与《左传》"祝柎"为一人;《修身篇》"佞兑而不曲",(与偷儒转脱对文。)"而不"二字为"奭"字之讹。前儒所诠,均非碻诂。又考《王制篇》"抏急",与《左传》"弁急"同;《修身篇》"倚魁",与《大戴》"畸鬼"同;《非十二子篇》"㷀然""㷀棣"互通;《乐论篇》"流僈""僈涆"双声;《君道篇》"羿不世中","中"为簿籍;《性恶篇》"驪骥","驪"为赤马;(与槿为赤色木同。)《解惑篇》"宾孟",与《史记·日者列传》"宾正"同。此亦前儒未诠之谊。因此次己说成《补释》二卷,其有疑义俟决者,如《王霸篇》"朴力寡能",上言"罕举力役",疑"能"为"罷"之挩;(《王》制篇同。)《议兵篇》"奔命者贡",上言"奔命者不获",疑"贡"为"置"之讹;(置犹舍。)《非相篇》"焉广三寸","焉",疑通咽;《臣道篇》"定其当而当","而"疑作"不";(即当否也。)《成相篇》"春申道绌",上承展禽言,疑系"鲁申"之误;《尧问篇》"缯丘封人",下言见叔敖,疑系"寝丘"之假。亦附存其说,以俟博征。若夫《毛诗》《左氏》《荀》,为先师古文家言,凭斯可撷,谊为汉说所自生,亦依文诠释,引而伸之,触类而长之,于西汉古文之学思过半矣。

《韩非子斠补》自序

《韩非子》旧无善本，乾道本虽至古，然讹挩已繁。近儒治斯书者顾、卢而外，有俞（樾）、张（文虎）、孙（诒让）三家。长沙王氏（先慎）因之辑为《集解》。又日本儒生若物茂卿、蒲阪圆亦于斯书多诠发，然校审讹挩，说恒未罄。以今考之，知乾道以降，各本或篇有挩句，如《主道篇》"臣不陈言，而不得当"，下挩"不得越官语"。《有度篇》"先王以三者为不足"上挩"法数审赏罚"语。《忠孝篇》"所谓威者"下挩"□□"，而"□□"语是也。或句有挩字，如《五蠹篇》"文学者非所用"，与"行仁义者"对文，（下文"修行义"当作"行仁义"。）下文复言"习文学"，则文上挩"习"字。《南面（裕孚案当作《饰邪》。）篇》"国虽大"与上"国虽小富"对文，则"大"下挩一字。《扬权篇》"权不欲见素无为"，"见素"详《二柄》及《主道篇》，二语并文，则权上敓一字是也。（又《解老篇》"所以有国之术"上敓"生于"二字，《五蠹篇》"其有功也"上敓"以"字。）有因敓字而文互讹者，如《说疑篇》"晋伯阳、秦颠颉、卫侨如"下二字均涉下文衍，律以上文"续牙"诸名，盖本文敓二字，当作"伯阳、秦不虚、雒卫"（《风俗通》佚文有雒卫，即雒陶也。雒、颉形近至讹。）余均敓佚，"晋"字"颠"字，亦后人妄增是也。有因后人增字足义而衍者，如《外储说左上》"怠于行阵"与"惰于田"对文，下文又言"怠于行"，则阵为衍文。《外储说右》"不加贵于山"与"贵于海"对文，则"加"为衍文是也。有因二本助字不同，校者并合而衍者，如《存韩篇》"而以与争强"，"与""以"用同，《外储说右》"有渐而以至"，"以""而"用同是也。有因形近而衍者，如《亡征篇》"而争事势"，"事"即"争"之衍。《南面篇》"两言始治"，"始"即"治"之衍是也。有涉上下文而衍者，如《解老篇》"立权议之士"，"议"涉上"议于大庭"而衍。《制分篇》"理（当从顾作里。）不得相窥"，"得"涉下"惟恐不得免"而衍是也。有既衍复讹者，如《守道篇》"巨盗贞平"与"大勇愿"对文，上文复以"愿"对"正"，则"平"为衍文，"贞"亦"正"字异体。《喻老篇》"王子期"又作"王子於期"（《外储说右》同。）盖"子"讹为"於"，"于"又讹"於"，后人又于"于期"上增子字是也。有因形近而误者，如《有度篇》"氓社稷"，"氓"即"泯"字。（言此乃齐楚灭人国之事也，《左传》不泯其社稷是其征。）《安危篇》"杀天子也","杀"即"殷"字。(宋为殷后,故袭殷称,犹《晏子春秋·问篇上》亲殷即亲宋也。)《难二篇》"而作葬","作"疑作"亡"。(亾、亡形近,"亡葬"即上文之不葬。)《存韩篇》"取韩地而随之","随"疑作"隳";"罢于内攻","攻"疑作"政"。(即征胥。)《有度篇》"睢阳之事","事"疑作"争"。《亡征篇》"小民右仗","仗"疑作"伎"。《八经篇》"相诲以和","和"疑作"知"是也。有挩书偏旁者,如《初见秦篇》"以此与天下",证以下文"举荆""举赵",则"与"当作"举"。《功名篇》"结之以成",证以上文"不足于信",则"成"当作"诚"。《外储说右》"知贵不能",证以下文"歌不中宫徵不可谓教",疑"贵"当作"遗"。又《显学篇》"显而荣者","者"当作"诸","诸"与"之"同是也。自是而外,则《初见秦篇》"东服于陈",当从《史记》作"保","保""服"字通。(《老子》"保此道",《淮南》作"服"。)《外储说左上》"得卫",当从《新序》作"温",(难事四。)"温""卫"声近。(温、殷一声之转。)《饬令》一篇,残佚孔多,当据《商君书》勘补。此均文字之亟宜校审者也。若夫诠明故训,前儒所陈,说或未当,或训词缺如。如《难三篇》"典成之吏","成"即狱讼之"成"。《存韩篇》"韩子","子"即所伐国之君。(见《吕氏春秋·怀宠篇》高注。)《有度篇》"关其佞","关""贯"义同。《说疑篇》"外接巷族","巷""隆"义同。《六反篇》"整縠","縠"与"愨"通。（即诚愨。）《奸劫弑臣篇》"不怨","怨"与"菀"通。《说林下篇》"可以得荆","得"与"德"同。《八经篇》"诡曰易","易"与"施"同。"后妃不疑","疑"与"拟"同是也。师培近治斯书，详正文字，间申故谊，成《斠补》一卷，以补《集解》所未备。惟《八经》诸篇，讹挩之文，审正靡资，前儒所诠，或凭臆定，则日思误书不得不期于后之邢邵矣。

《吕氏春秋斠补》自序

《吕氏春秋》东汉已无善本，高诱《序》谓"既有脱误，小儒又以私意改定"，此其征也。今观《察微篇》"又反伐郢"，即《左传》入郑事，"郢"盖"郑"讹，而高已训为楚都。《知度篇》"以柰何（《淮南·主术训》同。）为宝"当从《文子·上仁篇》作"禁苛"，而高以"不可柰何"为训。《召类篇》"雝于前"，《新序·刺奢篇》作"拥"，则"雝"系"壅"讹，而高已训"雝"为曲。《审为篇》"君固愁身伤身，以忧之戚不得也"，《庄子·让王篇》作"以忧戚不得也"，则"忧戚"联文，而高已训"戚"为"近"。《权勋篇》"若残竖子之类"，"若残"文当互乙，与《知士篇》"划而类同"，而高已训"残"为"余"。《审分览》"夫其不明也"律以上文，"明"当作"静"，而高已按文生训。是高说之讹，由于所据非善本。后世以降，则传写讹挩，校者复以私意妄更，故

— 043 —

有高本不误而今本误者。如《仲春纪》"安萌芽"三语，《季春纪》"省妇事"，《仲夏纪》"静事无刑"，据高注所释，"则养幼少"二语当在"安萌芽"前，"事"当作"使"，"刑"当作"径"，与《淮南·时则训》同。今本均后人据《月令》所更。《必己篇》"尊则亏"，高以"高位疾颠"为训，与"亏"谊不合。盖《庄子·山木》作"议"，本书以"献"代议，（谊均训倾。）"亏"乃后人所更。《遇合篇》"嫫母执乎黄帝"，高以黄帝说之相释，与"执"谊不符。盖《论衡·遇合篇》作"近"，本书作"蛰"（蛰即进御。）执（執）乃传写之讹。《务本篇》"持谏"，高云，"不公正"则高本作"谀"（《晏子·问下》"持谀巧以正禄"。）《开春论》"皆来谓矣"，高云："谓天子也。"则高本作"谒"。《用众篇》"辩议不可不为"，高注"不可为"联文，则高本无下"不"字。《义赏篇》"且成而贼民"，盖承上文"成乎邪"，言在"赏罚"二语上。故高注先述此词乃说"慎"字，今本移"赏罚"二语下，则语不相维。《观世篇》"而佞进"，盖与"贤者在下"联词，在"不得休息"四字前，今本倒移其后，则谊不克通。此均今本乖高本之真者也。有晋本不误而今本误者，如《任数篇》"北怀儋耳"，《山海经注》引作阘。（《大荒西经》。）盖"阘"通作"耴"，别本作"耴"，因讹为"耽"，与《淮南》同。后人习闻南方有儋耳，又易为"儋"。此今本失晋本之旧者也。有唐本不误而今本误者，如《适音篇》"移风平俗"，《治要》引作"风乎俗"；《本味篇》

"设朝而见之"，《书钞》（一百四十二。）引作"设朝见之礼"；《谕威篇》"必反诸己"，《治要》引作"必反人情"；《异宝篇》"不以利为利"，《书钞》（三十八。）引作"可谓以不利为利"；《音律篇》"阴将始刑"，《治要》作"阴气将刑"；《用众篇》"不可以为贤主"，《意林》引"以为"作"化成"；《任数篇》"已得仲父之后"，《书钞》引"后"作"教"；（四十九。）《高义篇》不可谓忠臣，《书钞》引"忠臣"作"竭忠"；（三十七。）《古乐篇》"水道壅塞"，《选》注、（《舞赋》注。）《书钞》（一百七。）引"水"作"阳"；《去私篇》"腹䵍"，《书钞》引"䵍"作"䵍"；（三十七。）《侈乐篇》"其生必伤"，《治要》引"生"作"主"；（主与民对。）《任数篇》"习者曰"；《书钞》引"习"作"赞"；（四十九。）《论人篇》以验其人，《治要》引"人"作"仁"；《大乐篇》"狂者非不武"，《治要》引"武"作"舞"；《下贤篇》"帝者天下之适"二语，《书钞》、（卷一。）《御览》（七十七。）所引"之"下均有"所"字；《知度篇》"是之谓重塞之主"，《治要》于"重塞"二字均为叠词。此又唐本胜今本者也。若夫《节士篇》"必见国之侵"，《晏子》（杂上。）作"方（即与字之讹。）见国之必侵"，则故本"必"在"侵"上；《直谏篇》"免衣褊裤"，《说苑》（《正谏篇》）作"免于褊裤"，则故本"衣"作"于"；《当染篇》"贪暴可羞人"，故本盖作"贪暴苛扰人"，与《墨子》同；（《当染篇》。）

《先识篇》"是不知所以亡",故本盖作"所以存所以亡",与《说苑》同;(《权谋篇》。)《用众篇》"是教也","教"下挩"大辩"二字;《节丧篇》"以生人之心虑","以"上挩"非"字;《有始览》"阴阳材物之精","精"上挩"所以"二字;《大乐篇》"凝濊以形","濊"为"寒"之讹;《不广篇》"草中之戒","草"为"莫"之讹;《当赏篇》"从焉氏塞","焉"为"乌"之讹;《任地篇》"无使之治","治"为"怠"之讹;《审分览》"坚穷","穷"为"叡"之讹;《情欲篇》"修节","修"为"循"之讹;《先己篇》"大水深渊成",当作"水渊深大成",均为衍字。《慎势篇》"以宋攻楚",当作"以宋攻宋","楚"为讹文;《悔过篇》"要门而归之","归(歸)"为"覺"之挩;《用民篇》"次官也","次"为"羡"之挩;《必己篇》"门闾帷薄,聚居众无不趋","众"即"聚"字讹文;《辨土篇》"土则蕃辐而不发","辐"即"蕃"字讹文;("而不"亦"不"之讹。)《音律篇》"太簇""仲吕"二节互相错简,《去尤篇》"翔""祥"二字同字异文。(据《庄子·达生篇》两"巧"字证之。)虽致误之时,今莫克考,然积误相沿,盖非一日。故元、明各本,犹校毕刊为逊。毕刊既萃众说而成,嗣治是书,复有梁、蔡、陈三氏,王、俞、张、孙亦多勘审,惟补挩正讹,十仅得五,师培研治粗久,以为吕氏之书,恒与诸子相出入,非互勘诸子,莫克正高注之讹,非旁考唐贤所引,莫由证元明各刊之失。因以毕刊为主,校审异同得失,成《吕氏春秋斠补》二卷。高注训词章晰，洞达典礼，说或未达，亦匡厥违。如《季夏纪》"凉风始至"，"凉"即《淮南·天文训》"温凉"之凉，义与"温"同。《慎行览》"以亡其大夫"，"亡"即《左传》"盟大夫"之"盟"。"亡""盟"音转。《长利篇》"协而稷"，"协"即《庄子·天地篇》之"悒悒"，"协"又训"和"。《求人篇》"归己君乎"，"归己"即《庄子·逍遥游》之"归休"，"已"为终词。《贵性篇》"服是也，辱是也"，"服""辱"对文。《上农篇》"是为厉"，"厉"字绝句。《察微篇》"克夷"，"夷"为楚邦边邑。《报更篇》"堪士"，"堪"即沉伏之"沉"是也。若夫佚文挩句，散见群籍，亦粗事甄录，别缀卷末。惟《书钞》一百六所引歌白狐事，系《吴越春秋》之误。《意林》所引，亦恒以注文搀入。今概薙夷，以判伪真。是亦多闻缺疑之义耳。

《吕氏春秋高注校义》自序

《吕氏春秋》高注，以《治要》所引勘之，得佚注八条。若注有佚句，句有捝字，以及文字殊异者约百余则。因思高注旧文，唐代以降，删易孔多。有因妄改注文而并改正文者：如《论人篇》"哀之以验其仁"，注云："仁人，见可哀者则不忍之也。"后儒妄改为"其人"。由是注文"仁人"二字，亦易为"人人"。《大乐篇》"狂者非不舞也"，注云："虽舞不能中节。"后人妄改为"不武"。由是删易注文，更为"虽武不足畏"。有因删注复加窜易者：如《荡兵篇》注："水以疗渴，（今各本讹为汤。）火以熟食，不可乏也。兵以除暴，亦不可偃。""亦"承上言，后人删"不可乏也"四字，则"亦"字无所承，因改为"夫何偃也"。《骄恣篇》注："自谓有过人智，故轻物。"物，人也，以人释物。后人删"物，人也"三字，则"必轻物"无注文，因于故上增"曰"字。有昧注文之例妄更者：如《君守篇》注："自以其言为当，是以知其言之当。"

此就正文"言之当"言，后人疑"当"为复文，易"之当"为"之狂"。《贵因篇》注："不知其贤而用之，故不治。"此就用贤不知言，非言不用。后人以上文既言"不知"，遂于"用"上增"不"字。《荡兵篇》注："若顺。"后人昧"顺"有若"训"，以"若"为"如"，遂易为"若被其化"，与《审分览》以"纵"（原作纷。）训"放"，《达郁篇》以"傲"（原作贱。）训"简"者同例。有因传写致误者：如《适音篇》"养孩"，注云"孩少"，今则并误为"侠"。有因后人据形近之字妄改者：如《功名篇》注："守，情守也。"后人改"情"为"清"。《适音篇》注："事兵戍事。"后人改"戍"为"戎"。嗣外，则《知度》《贵直》诸篇注文讹挩字达廿余，即句末"者也"诸词，亦多省节。此均今本之异于唐本者也。夫《治要》所引吕书，十仅得一，又于注文多节引，以校元明各刊本，挩文佚句，篇必数见，则注文久非全帙矣。蛰居多暇，因掇引《治要》所引殊文，撰为校义。他籍所引，有为毕校所未载者，亦依次甄录。即高氏序文，亦援《书钞》（九十九。）所引，互审同异。虽高注旧本之观，未克悉复，然衡以毕刊，夫亦稍近古矣。

《吕氏春秋高注校义》后序

予撰《吕氏春秋高注校义》成，继念注文讹挩，有不必证以他籍而明者：《季春纪》"行之是令"，注云："行是之令"也，当作"行是月之令"。（淮南时则训作行月令。高说本之。）今挩"月"字。《尽数篇》"为张为疛"，注云："疛，跳动，皆腹疾。"则"疛"上挩释"张"之词。《先己（裕孚案，当作《论人》。）篇》"以自防御"，注云："防，御仇也。"盖正文之"御"系衍文，高以"御仇"释"防"。《劝学篇》"无乃畏邪"，注云："畏，犹死也。"盖"死"上挩"畏"字，当云："畏，（句。）犹畏死也。"《尊师（裕孚案，当作《诬徒》。）篇》"于师愠"，注云："故怨于师。"上云"愠，怒也"，则"怨"亦当作"怒"。《孟秋纪》"其帝少皞"，注云："帝喾之子，挚兄也。"当作黄帝之子挚也，（《淮南·时则训》注云："黄帝之子青阳也。"此其征。）今本系浅夫臆改。《论威篇》"过胜"，注云："过，犹取也。""取"

— 050 —

当作"败",与"胜"对文。《举难篇》"难胆",注云:"难胆则恐,恐则离叛,故失所亲。"梁氏谓"胆"当作"赡",则"恐"亦"怨"字之讹。《爱类篇》"公取之代乎?其不与",注云:"言公取石以代子头乎?其不与邪?"案,"不与"犹言"否欤"。高盖以"邪"释"与","邪"上"与"字碻属后人误增。若是之属,非惟背高氏之旨也,即吕书之谊,亦因斯而晦,此亦亟当订正者也。

《黄帝内经素问校义》跋

　　《黄帝内经素问校义》一卷，绩溪胡氏澍著。训"时"为"善"，易"抟"为"专"，以及至人、名木二条，均穷探声音训故之原。惟原书"不妄作劳"，胡氏据全杨本易为"不妄不作"，其谊甚允。复引征《四失论》"妄言作名"以证"妄""作"对文，"作"义同"诈"则殊不然。"作"即创始之义，"不作"者，与《老子》"不敢居天下先"同。若改"作"为"诈"，岂"妄言作名"亦可称"妄言诈名"乎？又原书"若有私意"，"若已有得"，胡氏谓当作"若私有意"，犹言"私有所念"，"己"与"私"同，犹言"私有所得"。案，"若有私意"，与《诗》"如有隐忧"例同。"意"与"臆"通，犹后世所谓"窃念""默测"也。若"己"字当从赵氏之谦说，训为"已然"之"已"，亦不必训为人己之"己"也。又原书"阴阳者，万物之能始也"。胡氏以《天元纪·大论》之文为例，易为"金木者生成之终始"。案，"能始"二字，义亦可通。

"能""台"古通，如"三能"亦作"三台"是。（《汉书·天文志》三能，《文选》卢谌诗作三台。）故《礼记·乐记正义》云："古以今'能'字为'三台'之字。"疑此文"能"字亦"台"字借文。"胎"从"台"声，《尔雅》训"胎"为"始"，则"台"亦兼有"始"义。"能""始"叠词同训，与上文"征""兆"同。若夫"虚无之守"，胡氏易"守"为"宇"。案"守"字从"宀"，居位曰"守"，则"守"字引申，亦有"居"义，不必易"宇"而后通。此均胡说之失也。考《内经》一书，多属偶文韵语，惟明于古音古训，厘正音读，斯奥文疑义，涣然冰释。胡氏之书，卷帙虽鲜，然后有为医经作疏者，必将有取于斯书。则疏理古籍之功曷可少哉！

《法言斠补》自序

宋本《法言》其最著之本三：即治平监本，（即本宋庠所藏李注及《音义》本。）宋吴本（《音义》称俗本。）建宁四注本是也。元代纂图互注本，明世德堂本，均以温公集注为主，远则导源建宁本。近江都秦氏影刊治平监本，余姚卢氏所校本，（依宋椠正明刊。）亦为嘉定李氏所刊。而德清戴氏（望）复得影钞北宋嘉祐本，（得于何所不可考。）其副本为予所获，持与秦李诸刻互勘，如《学行篇》"无心"作"无止"，《重黎篇》"韦玄"作"韦玄成"，均与天复本合。《重黎篇》"守失其微"作"其徽"（盖徽与善同。）与《音义》所引或本合。"始六"作"始六世"，（汉自高祖至武帝为六世，始六世之诏，言霍光之治本先皇之诏令以为基也。）与温公所引李本合。若夫《吾子篇》"景差"作"景瑳"，《重黎篇》"栾布不涂"作"不倍"，并足征所据之古故治平各本，字或挩讹，均当据斯定正。由斯上溯，则引于六朝、唐、宋各书者均为故本。如《渊骞篇》"不屈其意",旧钞本《华阳国志》引"意"作"志";《吾子篇》"山 崝之蹊",《御览》(一百八十四。)引"崝"作"径";《五百篇》 "逆其所顺",《类聚》(二十。)引"顺"作"从";《寡见篇》 "航安则人斯安",《类聚》(七十。)引"人"作"民",引"则" 作"而";《孝至篇》"或问'泰和'。曰:'其在唐虞成周乎?'" 《文选》注(三十七。)引"泰"作"太",引"乎"作"也";(也 即古耶字。)均与各本异文。又《重黎篇》"问……左氏",《类 聚》(五十四。)所引下有"传"字,此各本之挩字也。《学行篇》 "吾未见好斧藻其德",《御览》(一百八十八。)所引无"好" 字,此各本之衍文也。《渊骞篇》"周之顺赧以成周而西倾",《书 钞》(四十三。)引"顺"作"从",则"顺"与"自"同。(俞 正燮谓即慎靓王非。)《问神篇》"天地之为万物郭"二语,《书 钞》(九十五。)引无两"之"字,上"郭"字亦作"鄄",则两 "鄄"字为对词。(《御览》六百八所引已作郭。)是均确为古本。 若夫《吾子篇》"'子户乎?'曰:'户哉,户哉'",《御览》 (一百八十四。)引作"'子户乎'?曰:'我户哉'",《学行篇》 "其乐不可量矣",《文选》注(三十一。)引作"其乐可量也"; 《寡见篇》"良玉"二语下"何谓也",《初学记》(二十一。) 引无"谓"字;《五百篇》"知圣而不能用也",《类聚》(二十。) 引无"也"字;(又"上曰知之","曰"作"若"。)咸足证今 本衍挩之文。《意林》所引,厥善亦同。惟《五百篇》"既望,则终魄于东"，《书钞》（一百五十。）引作"月之望而魄落于东"，则系点窜本书。《先知篇》"民有三勤"节，《书钞》（七十七。）所引亦互易其文。《问神篇》"万物作类"，注以"各成其类"释之，《书钞》（一百四十九。）所引，则以"万物各成（旧讹作邑。）其类也"，为本书均不得据为故本也。自是以外，则各本李注，校以旧籍，所引亦多讹挩。如《学行篇》"怀金"，《孝至篇》"泰和"，据《文选》注所引注文，一挩"金，金印也"四字，（三十一引。）一挩"天下泰和"四字。（三十七引。）则知北宋嘉祐本已乖故本之真。舍据他籍，订正奚从？至于诠释之词，则近儒治此书者，卢氏而外，有王氏《杂志》、洪氏《丛录》、俞氏《平议》、孙氏《札迻》均精音训。故补正前说，惟微旨奥训尚俟阐发。爰于校勘之余，撰为《补释》，综论厥例，析为九端。有于古本择所折衷者，如《渊骞篇》宋吴本，"巽以扬之"，"巽"系"翼"字讹，文当从李本。《问道篇》李本，"请问礼，莫知礼"，据下文，"礼"字增入，当从天复本。《修身篇》"糟莩"，当从柳本作"精莩"。"精""荧"对文。《寡见篇》"春木之芒"，当从吴本作"芚"。"芚""鹑"协韵是也。有以本书彼此互证者，如《问道篇》"他则苓苓"，即《吾子篇》"说铃"之"铃"是也。有据他书训故易旧说者，如《学行篇》"分其弓"，"分"当训"裂"。《问明篇》"举兹以旃"，"旃"当训"表"是也。有以同声之字训释者，如《问神篇》"其书谯乎"，"谯"，即《乐记》"噍杀"之"噍"。

《五百篇》"险而无化","险"即荀子"检式"之"检"。《重黎篇》"可谓伎矣","伎"即《史记》"枝梧"之"枝"。《渊骞篇》"叔孙通槧人","槧"即《荀子》"渐诈"之"渐"是也。有以音近之字训释者,如《问明篇》"匪尧之庭",证以《考工》郑注,改"飞"为"匪",则"匪"当作"飞"。《五百篇》"关百圣",证以《礼记》"关毂"即"贯毂",则"关"当作"贯"。《重黎篇》"肥矣哉",证以《周易》"肥遯"即"蜚遯",则"肥"义同"蜚"。(指超然高举言。)《重黎篇》"天昈光德,而陨明忒",证以《贾子》,以"盲"训"萌",则"明"义同"盲"(盲为冥义,此以忒对德,以盲对光。)是也。有以声转之字训释者,如《渊骞篇》"蛛蝥之靡"与"壮士刺客"对文,则"蛛蝥"即"竖儒"。与"椶儒"为"侏儒"异文同例。《孝至篇》"天地之得"与"斯民之得","一人之得"并文,则"得"即"中字",与《周礼·师氏》故书"中"作"得"同例是也。有确正本字为讹者,如《问神篇》"不手","手"当作"巫",即"垂"字古文。《先知篇》"修之以礼义","修"当作"循",即"顺"字异体。《渊骞篇》"忠不足相","相"即《说文》相字训为高貌是也。有改易旧注句读者,如《序篇》读终"后诞章乖离"为句,"动不克"为句是也。有杂引古事相诠证者,如据《三国志》、(秦宓传。)《华阳国志》以释李仲元,据《御览》所引刘向书以证"童乌"是也。若夫据《法言》所引经文,以证家法之授,据时制以诠立言之旨,意有所会,间著其词，惟谊为昔人所陈，则均从略。其所未备，始事引伸。惜侯芭诸家注文，只词弗具。莫由上稽汉说，斯可惜耳！

《白虎通义斠补》自序

近儒治《白虎通义》者有卢、庄、陈三氏。师培近读其书，复博考群籍，勘以元明诸刊本，成斠补一卷，因叙其端曰：《通义》自大德本以降，久乖故本之真，其残佚之文无论矣。文或幸完，亦复艰于习诵。故师培今治斯书，于三氏诠明而外，有据旧籍所引证其捝者，如《谥篇》"文者以一言为谥"，据《书钞》所引，（九十四。）下捝"文王武王是也"一语。《社稷篇》"亡国之社稷"，据《书钞》所引，（八十七。）下捝"盖掩之"三字。《封禅篇》"嘉禾者，大禾也"，据《稽瑞》所引，（房户连阔语注文。）则连下捝"阔"字。（《御览》所引，"连"下亦有"阔达"二字。）"必九尾者何？九妃得其所，子孙繁息也"，据《稽瑞》所引，则"何"下捝"九德也"三字。《礼乐篇》"节文之喜怒"，据《书钞》（八十。）所引，则"节文"应作"节民"，上捝"得"字。"瑟者，啬也，闲也，所以惩忿窒欲，正人之德也"，据《书钞》所引，（一百九。）

则"瑟"下当有一"也"之文，（或"嵩也"诸字后人所加。）"德"上亦挩一字是也。有互勘他书证其挩者，如《爵篇》"楚胜郑，而不告从而功之"，以《公羊》"告从，不赦，不详"证之，则"不"下挩"有"字，"功"当作"赦"。（陈氏亦言"功"当作"赦"。）《宗庙篇》"其怀任者也"，以《周礼》郑注"择取不孕任"证之，则"去"上当补"不"字是也。有勘以本书证其挩者，如《爵篇》"所以令公居百里、侯居七十里，何也"，与下不相属，疑何上挩"周则令侯从公"六字。《宗族篇》"必桑弧者"下言"相逢接之道"，盖以"相逢"况"桑蓬"之音，则弧下挩"蓬矢"二字（"下桑者"亦当作"桑蓬者"。）是也。有据旧籍所引证其讹者，如《封公侯篇》"子孙皆无罪因而绝"，据《书钞》所引，（四十八。）"因"为"恶"讹。《四时篇》"载成万物，终始言之也"，据《书钞》所引，（一百五十五。）"言之"为"之道"之讹。《嫁娶篇》"妇人因夫而成"，据《书钞》所引，（八十四。）"夫"当作"适"。（与上"适人"相应。）《绋冕篇》"收而达故前葱"，据《书钞》所引，（一百二十七。）"葱"当作"兑"（即锐字。）是也。有互勘他书以证其讹者，如《嫁娶篇》"女必有褕绣衣若笄之"九字为卢本所删，证以《仪礼·昏礼》记，则为"女必有正焉，若衣若笄"之讹。《五刑篇》"公家不出"，证以《王制》，"公家不畜刑人"，及"示弗故生"，"出"为"生"讹。《三教篇》"不教而成"，证以《繁露》"无其质，则质朴不能善"，"而"为"不"

讹。《封公侯篇》"上以收录,接下",证以《孝经》《援神契》,"收"当作"敬"。《五行篇》"始复诺",证以《周书·小开宝典解》,"诺"当作"落"是也。有勘以本书证其讹者,如《考黜篇》"虽反无益",证以《嫁娶篇》"百亦无益","反"为"百"讹。《蓍龟篇》"亦不自专",证以下文"示不自专","亦"为"示"讹是也。有据本文之旨证其讹者,如《礼乐篇》"谓倾先王之乐明有法示正其本","倾"当作"顺","示正"当从吴本作"不忘"。《封公侯篇》又曰"孙首也","孙首"即"逊道"之讹,下"庸"字亦当作"虑"是也。有据旧籍所引证其衍者,如《号篇》"与天地通灵",《书钞》引作"与元通灵",(十二。)则"天"为"元"讹,"地"为后人所附益。《绋冕篇》"行以蔽前者,尔有事",据《书钞》所引,(一百二十八。)则"行"当作"所","尔"当作"示",(盖"示"讹为"尒"后人更为尔。)"者"为衍文是也。有互勘他书证其衍者,如《爵篇》引《尚书》"侯甸男卫作国伯",证以《酒诰》"作"即"卫伯"两字之讹。《封公侯篇》"故礼曰,公士大夫子子也",证以《王制》,"大夫"二字均"天"字之讹(此当作"公士,天子子也"。"公士"二字,盖以地则同公,爵则同士,故"佚礼"有此称,非《仪礼》公士大夫之公士也。至"天"讹为"夫",别本又讹为"大",后儒遂以为用《仪礼》,而古义以湮。)是也。有据字形证其衍者,如《谏诤篇》"右弼主纠纠","纠""纠"当衍其一。《性情篇》"无不色青目眦张者,

"眠""张"当衍其一是也。若夫传写致讹非互乙莫克通,亦参勘本篇之文以通其读,如《嫁娶篇》"下卿大夫,礼也",故《丧服小记》曰,"礼"字当在"故"下。《丧服篇》"明死复不可见",当作"明死不可复见"是也。其有后先错简词义弗属,亦钩核各词互相勘合,如《五行篇》"土在中央"节、"水味"节,《三军篇》"谷梁传"节,《圣人篇》"禹汤圣人"节,以及《五经篇》各节是也。又《通义》之文,简质近古,或所用非正字,谊有所伸,说亦附著,如《爵篇》"即言王侯","即"训为"若";《圣人篇》"是为滋凉","滋凉"即"子谅";《三正篇》"当因句其改之耶","因""改"对文;《天地篇》"性情生汁中","汁"与"协"同;《五刑篇》"不得服","服"与"衣"同是也。若夫古文、今文之殊,周礼、殷礼之别,则陈氏考订,博集众长,惟古文遗谊,或审别未谛,匡违正失,说均别见,非斠补所具也。

《风俗通义》书后

近儒治《风俗通义》者，惟卢氏《拾补》考订较精，嗣惟孙氏《札迻》发正廿六事。今考《皇霸篇》"董其是非而综其详开矣"，疑"略"讹"开"。"阴阳布刚"，"刚"下疑挩"柔"字。"纳襄冠带"，似指讨子带言，"冠"为误字。"列言于周室"，"言"疑"名"讹。《正失篇》"长万物之宗"，卢校改为"'宗者'长也。万物之长。"案，"万物之宗"当从《书钞》作"为物之始"。（九十一。）"牧子班录"，"子"为"守"讹。《十反篇》"弟子使客杀人"，《书钞》引作"弟子奕"，（三十。）则今挩"奕"字。豫章太守节文多讹挩，《书钞》作"豫章太守李章举汝南封新太山日、（以今本周字为长。）爽等为孝廉，日等未行，章病物故"，（七十九。）似较今本为昭。《声音篇》"乐之统也，与八音并行，然君子所常御者"，卢谓《初学记》引作"君臣以相御"。今考《书钞》引作"乐之纪也，与八音兼行，由君臣之相得"。（一百零九。）

则今本"行"下挩六字。又"秦人鼓之以节歌",《书钞》所引下有"象形也"三字,(一百十一。)"不知谁也",《书钞》所引,"也"上有"作"字。(一百十。)均为今本挩文。《山泽篇》"部者,阜之类也",《书钞》引作"培塿者",(一百五十七。)此承上文引《左传》言,似以作"培塿"为长。盖卢引《书钞》仅据陈本,故所引不能无失也。

读《道藏》记

西晋以前,道书篇目,略见《抱朴子·遐览篇》,次则甄鸾《笑道论》颇事甄引,均属汉魏六朝古籍。晚近所存,什无二三。即《崇文总目》《中兴书目》所著录,亦复十亡其六。今之《道藏》刊于明正德间,经箓符图半属晚出。然地志、传记,旁逮医药占卜之书,采录转众,匪惟诸子家言已也。故乾嘉诸儒,搜集旧籍,恒资彼藏。顾或录副未刊,致鲜传本。迄于咸、同之际,南藏毁于兵,北藏虽存,览者逾鲜,士弗悦学,斯其征矣。予以庚戌孟冬旅居北京白云观,乃暇阅全藏,日尽数十册。每毕一书,辄志其序跋,撮其要旨。若鲜别刊,则嘱仆人迻录,略事考订。惟均随笔记录,未足为定稿。兹先差拣若干条录成一帙,以公同好之士云。庚戌孟冬刘师培记。

《六帖》书后

归安陆氏作《宋椠白氏六帖类聚跋》，定帖注为晁仲衍作。又谓仲衍注《六帖》时，本与原书别行，故曰后集，至刊板时，乃合为一。今即明刊《白孔六帖》本考之，卷四十九《赐妇人门》白所载之目，曰石窌，曰赏延于室，曰妇人无爵，曰恩自宸极，均就赐及妇人言。孔所标之目，曰赐以宫人，曰赐美人六人，曰元宗以宫女赐知运等，曰赐宫人，曰赐女乐一部，曰赐宫女二人，均就赐以妇人言。岂孔据白书单行本，未见晁注，以至误会其意欤？斯亦陆说之旁证也。

《文说》序

　　昔《文赋》作于陆机，《诗品》始于钟嵘，论文之作，此其滥觞。彦和绍陆，始论文心；子由述韩，始言文气。后世以降，著述日繁，所论之旨，厥有二端：一曰文体，二曰文法。《雕龙》一书，溯各体之起源，明立言之有当，体各为篇，聚必以类，诚文学之津筏也。若夫辨论文法，书各不同。或品评全篇，或偶举只语，或发例以见凡，或标书以志义。至于纂类摘比之书，标识评点之册，本为文之末务，岂学文之阶梯。自苏评《檀弓》，归评《史记》，五色标记，各为段落，乃舍意而论文，且蹈虚以避实，以示义法，以矜秘传，因一己之师心，作万世之法程。由是五祖传灯，灵素受箓，师承所在，罔敢或遗，可谓文章之桎梏矣。（赵执信作《声调谱》，谓古人之诗，宜有音节，遂穿凿附会，无所不至，其失与论文之书同。）或谓规矩方圆，非言克传，文本天成，妙手偶得，其言虽异，其失则同。震旦文人，会心言外，或知其当，然昧其所以。而字类分区，文辞缀系,咸矜自得,罕识本源,学者憾焉。幽居多暇,撰《文说》一书,篇章分析,隐法《雕龙》,庶修词之士得所取资。非曰竞胜前贤,特以启沦后学耳!是为序。

《群经大义相通论》序

六经订于孔门。《易》传商瞿，五传而至田何。何为齐人，是为齐人言《易》之始。《春秋》之学传于子夏，一由子夏授公羊高，公羊氏世传其学；一由子夏授谷梁赤，再传而至申公。高为齐民，赤为鲁产，由是《春秋》有齐、鲁之学。若夫《尚书》藏于孔鲋，而齐人伏生亦传《尚书》，《鲁诗》出于荀卿，而齐人辕固亦传《齐诗》。即《论语》之学，亦分齐、鲁二家。是曰汉初经学，初无今、古文之争也，只有齐学、鲁学之别耳。凡数经之同属鲁学者，其师说必同；凡数经之同属齐学者，其大义亦必同。故西汉经师，多数经并治，诚以非通群经，即不能通一经也。盖齐学详于典章，而鲁学则详于故训。故齐学多属于今文，而鲁学多属于古文。观《白虎通》所采，以齐学为根基，五经异义所陈，则奉鲁学为圭臬，曷尝有仅治一经而不复参考他经之说哉！后世儒学式微，学者始拘执一经之言，昧于旁推交通之义，其于古人治经之初法去之远矣。今汇齐学、鲁学之大义,辑为一编,颜曰《群经大义相通论》。庶齐学、鲁学之异同,辨析昭然,亦未始非治经之一助也。

《两汉学术发微论》总序

自汉武采仲舒之言,用田蚡之说,尊崇六经,表扬儒术,(仲舒《对贤良策》云:春秋大一统者,天地之常经,古今之通谊,今师异道,人异论,百家殊方,上无以持一统,下不知所守。臣愚以为诸不在六艺之科者,皆绝其道,勿使并进。《史记·魏其侯列传》谓窦婴、田蚡,俱好儒术,欲设明堂以致太平。而《儒林传》亦言:田蚡为丞相,绌黄老刑名百家之言,延文学、儒者数百人。是儒学统一,乃董、田二人之谋也。)而学士大夫,悉奉六经为圭臬,卑者恃以进身,(《前汉书·儒林传》赞云:"自武帝立五经博士,开弟子员,设科射策,劝以官禄,讫于元始,百有余年,传业者寝盛,枝叶蕃滋,一经说至百余万言,大师众至千余人,盖利禄之路然也。")贤者用之以讲学,(如郑兴、郑玄、颖容之徒,皆闭门授经。)由是有今文古文之分争,有齐学、鲁学之派别。然汉人经术,约分三端:或穷训诂,或究典章,或宣大义微言,而宣究大义微言者或通经致用。（如平当以《禹贡》治河，仲舒以《春秋》决狱，王式以《诗三百篇》当谏书是。）盖汉人说经，迷于信古，一若六经所记载，即为公理之所存，故援引经义，折衷是非。且当此之时，儒术统一，欲抒一己所欲言，亦必饰经文之词，以寄引古匡今之意。故两汉鸿儒，思想学术，悉寓于经说之中，而精理粹言，间有可采，惜后儒未能引伸耳！此两汉学术发微论所由作也。（发微者，就汉儒精确之论而宣究其理耳。故书中所采，半属汉儒说经之书。）

《汉宋学术异同论》总序

昔周末诸子辨论学术，咸有科条。故治一学辨一事，必参互考验，以决从违。《礼记·中庸篇》之言曰："故君子之道，本诸身，征诸庶民，考之三王而不谬，建诸天地而不悖，质诸鬼神而无疑，百世以俟圣人而不惑。"《管子·七法篇》曰："义也，名也，时也，似也，类也，比也，状也，谓之象。"（此即名学之精理。）而《庄子·天下篇》亦曰：古之为道术者，以法为分，以名为表，以参为验，以稽为决，其数一二三四是也"。是则古人析理，必比较分析，辨章明晰，使有绳墨之可循，未尝舍事而言理，亦未尝舍理而言物也。故推十合一谓之士，（《说文》。）不易之术谓之儒。（《韩诗外传》。）汉儒继兴，恪守家法解释群经，然治学之方，必求之事类以解其纷，（如《释名序》及郑康成《三礼序目》所言是也。）立为条例以标其臬。（如《春秋繁露》曰："知其分科条，别贯所附，明其义之所审。"何氏《公羊解诂序》曰："隐括使就绳墨。"而贾逵、颖容治左氏，咸先作条例。）或钩玄提要而立其纲，（如郑康成《诗谱序》说。）或远绍旁搜以觇其信。（如许君《说文序》及郑志说。）故同条共贯，切墨中绳，犹得周末子书遗意。及宋儒说经，侈言义理，求之高远精微之地，又缘词生训，鲜正名辨物之功。故创一说或先后互歧，（此在程、朱为最多。）立一言或游移无主。（宋儒言理多有莽无归宿者。）由是言之，上古之时，学必有律。汉人循律而治经，宋人舍律而论学，此则汉、宋学术得失之大纲也。近世以来，治汉学者咸斥宋儒为空疏，（江郑堂曰："濂洛关闽之学，不究礼乐之原，独标性命之旨。"焦理堂曰："宋儒言心言理，如风如影。"钱竹汀曰："训诂之外，别有义理，非吾儒之学也。然近世汉学诸儒，解经多有条例，如戴东原之类是也。"咸合于汉人之学派。）而治宋学者复推崇宋儒，以为接正传于孔、孟。即有调停汉宋者，亦不过牵合汉宋，比附补苴，以证郑、朱学派之同。（如陈兰甫、黄式三之流是也。崇郑学而并崇朱学，惟不能察其异同之所在。惟取其语句之相同者为定，未必尽然也。若阮芸台《儒林传序》则分汉、宋为两派。）夫汉儒经说，虽有师承，然胶于言词，立说或流于执一；宋儒著书虽多臆说，然恒体验于身心，或出入老释之书，（如张、朱、二程皆从佛学入门。）故心得之说亦间高出于汉儒，（宋儒多有思想穿凿之失，武断之弊，虽数见不鲜，然心得之说，亦属甚多。）是在学者之深思自得耳。故荟萃汉宋之说，以类区别，稽析异同，讨论得失，以为研究国学者之一助焉。

《理学字义通释》序

昔东原戴先生之言曰："经之至者，道也；所以明道者，其词也；所以成词者，字也。由字以通其词，由词以通其道，必以渐求。"（《与是仲明论学书》。）又曰："经之至者，道也；所以明道者，其词也；所以成词者，未有能外乎小学文字者也。由文字以通乎语言，由语言以通乎古圣作者之心志，譬之适堂坛之必循其阶而不可以躐等。"（《古经解钩沉》序文。）则欲通义理之学者，必先通训诂之学矣。昔宋儒之言义理者，以心字、理字为绝对之词。凡性命、道德、仁义、礼智，皆为同物而异名。即北溪陈氏作字义，虽亲受朱子之传，然墨守师说，立说多讹。（如论性、论才诸义是。）此则宋儒不明训诂之故也。近世东原先生作《孟子字义疏证》，据《孟子》以难宋儒，而甘泉焦先生亦作《论语通释》，以继戴氏之书。仪征阮先生病宋儒高谈性命，作《性命古训》，并作《论语孟子论仁》，论皆折衷故训，不杂两宋之书。及定海黄先生作《经训比义》,虽师淑阮氏之学,然立说多调停汉宋,与戴、阮之排斥宋学者不同。夫字必有义,字义既明,则一切性理之名词皆可别其同异,以证前儒立说之是非。近世巨儒,渐知汉儒亦言义理,然于汉儒义理之宗训诂者,未能一一发明;于宋儒义理之不宗训诂者,亦未能指其讹误。不揣愚昧,作《理学字义通释》;(《宋史》撰《道学传》,然宋人之学,兼伦理、心理二科,若《道学》二字,只能包伦理,不能该心理也。若日本哲学之名词,亦未足该伦理,故不若理学二字所该之广也。)远师许、郑之绪言,近撷阮、焦之遗说周诗有言:"古训是式。"盖心知古义,则一切缘词生训之说,自能辨析其非。此则古人正名之微意也。是为序。

《古历管窥》后序

古历多疏，今之通语也。夫蓂荚筮朔，葭烬测寒，鸿蒙甫胎，象纬畴纪。若乃五气既建，三正递统，运星辰于璿玑，笔云物于观台，固已躔离弗淫，天纪无扰。然《唐典》第详平秩，《鲁策》祇述归邪，所以审朓朒，校昏明，察发敛者，密绵之术，顾鲜考征，明筭以算，殆蔑闻焉。是盖古设日官，人存职举，课历密疏，随世昌否。是以祝融率职，地天曜烊；夏桀慆淫，春秋缩和。四子跻而昏中正，三苗乱而孟陬珍。洎迄东迁，邦自为正，失闰迄于再三，书蚀愆于朔晦，官失术废，不俟秦烬矣。炎刘之初，厄说歧出，虽或依世志年，以事缀日，然第次贷爽，传闻逊离。观于子长年表，蘶舆共和览涉谍谱，谓乖古文，以彼绅事金匮，犹复年月靡征，加以经析今古，各赓家法，师习既别，持说亦殊，各创历元，配禽古事，是以三统独协于壁经，殷术恒通夫纬候。至于鸟火效瑞之年，雀书受命之祀，近距远截，说蔑准臬。又或先苍帝于牺农，伺伯益于虞夏，虽未底厥醇，率持

— 077 —

各有故，是则历法滋纷，咸源经术。经有五而异义彬，历歧七而殊说盛。或归异而出同，或数符而元易，然均各有循依，罕见凌杂。以始揆终，固节符之宛叶，据彼絜此，乃盾矛之互陷。故衷鸠众家，学崇仳办，研专一术，理尚因仍，本术所有，未容面违，旧文所无，弗俟培传。自北海诠经，差择始粢，一行以下，颇事盖裂。近则嘉定二钱，号称明历，搴翳钩伏，霏霩为阊。然子骏《世经》，益以凿度之年；邵公《解诂》，通以"超辰"之说。谊侈穿贯，拟陵前哲，不知刻舟以俟，剑或克求；适履无术，趾乃先截。若乃比参于辰，间黑以白，则是周璧起度，可假虑俿之尺，齐量贷物，不异田桓之釜。前历晦沦，或自兹始。予稚秉庭诰，志怡推策，恒以旧典志事，干枝牾乖，卯酉淆体，庚申互书。溯厥原始，佥出古文。又篆籀易爰，隶草淆混，数名之字，积画易讹，纠辨所先，尤资考历。虽历术殊轨，原寻匪易，然施不失宜，则数可坐致。故勘审所及，咸缀别简，近息尘轨，粗施比集，郁湮之义、咸与拇撰，类似之说，概从刊削，上起经传，旁及子史金石文字，次为上下卷，名曰《古历管窥》云尔。

《国学发微》序

序曰：诠明旧籍，甄别九流，庄、荀二家尚矣。自此厥后，惟班《志》集其大成。孟坚不作，文献谁征？惟彦和《雕龙》，论文章之流别，子玄《史通》溯史册之渊源，前贤杰作，此其选矣。近儒会稽章氏作《文史通义》内外篇，集二刘之长，以萃汇诸家之学术，郑樵以还，一人而已。予少读章氏书，思有赓续，惟斯事体大，著述未遑。近撰一书，颜曰《国学发微》，意有所触，援笔立书，然陈言务去，力守韩氏之言。此则区区之一得也。

《古政原始论》总叙

杨朱有言："太古之事灭矣,孰志之哉?"(见《列子·杨朱篇》。)而屈平亦曰:"邃古之初,谁传道之?"(见《天问》。)夫二子生当周季,已悲稽古之难,矧生于千载以后者乎!然木必探本,水必穷源,况于人事!盖欲考古政,厥有三端:一曰书籍。五帝以前,文字未兴,史官未立,而《三坟》(今之《三坟》,乃伪书也。)《五典》,复历久无征,间有记载之书,又以语失雅驯,为搢绅先生所弗道。(见《史记·五帝本纪赞》。)惟《世本》诸编,去古未远,(如《列子》《左传》《国语》所引古史,以及《淮南子》《白虎通》《帝王世纪》诸书,咸可考证三古之事迹,惟不可尽凭。)虽记事各殊,(如言三皇五帝已各殊其人,其他可知。)然片语单词,皆足证古初之事迹,其可考者一也。二曰文字。造字之初,始于苍颉,然文字之繁简,足窥治化之浅深,(中国形声各字,观其偏旁,可以知古代人群之情况。予旧著《小学与社会学之关系》，即本此义者也。）此可考者二也。三曰器物。木刀石斧，今虽失传，（中国书所载雷斧，即石斧也。）然刀币鼎钟，（观近代金石书可见。）考古家珍如拱璧。此可考者三也。（惜中国不知掘地之学，使仿西人之法行之，必能得古初之遗物。）况近代以来，社会之学大明，察来彰往，皆有定例之可循，则考迹皇古，岂迂诞之辞所能拟哉。此《古政原始》所由作也。

《经学教科书》序例

治经学者当参考古训，诚以古经非古训不明也。大抵两汉之时经学有今文古文之分，今文多属齐学，古文多属鲁学。今文家言多以经术饰吏治，又详于礼制，喜言灾异五行；古文家言详于训诂，穷声音文字之原，各有偏长，不可诬也。六朝以降，说经之书分北学、南学两派。北儒学崇实际，喜以汉儒之训说经，或直质寡文；南儒学尚浮夸，多以魏晋之注说经，故新义日出。及唐人作义疏，黜北学而崇南学，故汉训多亡。宋明说经之书喜言空理，不遵古训，或以史事说经，或以义理说经，虽武断穿凿，亦多自得之言。近儒说经崇尚汉学，吴中学派掇拾故籍，诂训昭明；徽州学派详于名物典章，复好学深思，心知其意；常州学派宣究微言大义，或推经致用，故说经之书至今日而可称大备矣。此皆研究经学者所当参考者也。（大约古今说经乏书，每书皆有可取处，要在以己意折衷耳。）

夫六经浩博，虽不合于教科，然观于嘉言懿行，有助于修身，考究政治典章，有资于读史，治文学者可以审文体之变迁，治地理者可以识方舆之沿革。是经学所该甚广，岂可废乎？然汉儒去古未远，说有本源，故汉学明则经诂亦明，欲明汉学，当治近儒说经之书。盖汉学者六经之译也，近儒者又汉儒之译也。若夫六朝隋唐之注疏，两宋元明之经说，其可供参考之资者亦颇不乏，是在择而用之耳。

一、每册三十六课，每课字数约在四五百言之间。

二、经学源流不明则不能得治经之途辙，故前册首述源流，后册当诠大义。

三、经学派别不同，大抵两汉为一派，三国至隋唐为一派，宋元明为一派，近儒别为一派。今所编各课亦分经学为四期，每期之中，于经学之派别必分析详明，以备参考。

四、经学派别既分为四期，而每期之中首《易经》，次《书经》，次《诗经》，次《春秋》经，次《礼经》，次《论语》《孟子》《学》《庸》附焉，次《孝经》，《尔雅》附焉。盖"班志"于六艺之末复附列《论语》《孝经》，今用其例，惟《乐经》失传，后儒无专书，不能与《礼经》并列耳。

五、所引各书必详注所出，一二私见附以自注，以供学者之采择。

《伦理教科书》序例

昔《宋史》特立道学传。道也者,所以悬一定之准则,以使人人共由者也。则宋儒之言道学,殆即伦理专门之学乎?然宋儒之学,兼言心理,旁及政治教育,非专属于伦理学也。故学无范围,有学而无律,且详于实践之伦理,而伦理起原言之颇简,不适于教科。夫伦理虽以实行为主,然必先知而后行。若昧于伦理之原理,徒以克己断私之说强人民以必从,殆《大学》所谓拂人之性者矣。今东西各国学校之中,伦理一科,视为至要,盖欲人人先知而后行也。中国人民当总发之时,即诵《孝经》及四子书,然躬行实践之人曾不一睹,则以教育之失其法也。故汇集前儒之说,萃为一编,以供学校教授之用。今将凡例列于后:

凡例

一、此册所言,皆伦理学之大纲,及对于己身之伦理。

二、心理学与伦理学关系最密,不明心理之作用,不能知伦理之起原。故此册于心身之关系言之特详。

三、中国古代伦理学，皆各有所偏，此册所言，则矫其偏者而归之于中正，以期人人可以实践。

四、此册所采，由六经及周秦诸子起，若两汉宋明及近儒之说，亦旁采兼收，咸以合于公理为准，不立门户之见。

五、此册所言，不外振励国民之精神，使之奋发兴起。

六、此册所言，虽以国学为主，然东西各书籍亦用为参考之资。

七、义有难明，则加以注释，此皆由正文引申之义也，读者亦宜注意。

《中国文学教科书》第一册序例

昔戴东原先生有言:"自昔儒者,其结发从事,必先小学。小学者,六书之文是也。周官保氏掌之,以教国子;司徒掌之,以教万民。而大行人所称谕书名,听声音,又属瞽史分职专司。故儒者治经有法,不歧于异端。"则六书之学,固周代普通之教科矣。吾观西周之时,史佚以《尔雅》教子;西汉之制,讽籀书九千字乃得为吏。则舞勺之童,刀笔之吏,皆能娴习雅诂,精通六书,不必其在儒者也。况乎作文之道,解字为基。故刘彦和有言:集字成句,集句成章。又谓观乎《尔雅》,则文义斐然。岂有小学不明而能出言有章者哉!夫小学之类有三:一曰字形,二曰字音,三曰字义。小学不讲,则形声莫辨,训诂无据,施之于文,必多乖舛。今之学者,于长卿、子云,咸推为文苑之雄,岂知司马作《凡将》,子云作《训纂》固俨然小学之儒哉!则文学基于小学彰彰明矣。不揣固陋,编辑国文教科书,首明小学以为析字之基,庶古代六书之教,普及于国民。此则区区保存国学之意也。试将凡例列于后:

一、《中国文学教科书》计编十册,先明小学之大纲,次分析字类，次讨论句法、章法、篇法，次总论古今文体，次选文。此编为《中国文学教科书》第一册，计三十六课，以诠明小学为宗旨。

二、中国文字先有字义、字音，然后有字形。故此编前数课首溯文字之起源，于字形起于字音之说举证尤烦。

三、自周代以六书垂教，而中国文字悉该于六书。惟六书之例浩繁，故此编于第五课以下，即诠明六书之例，而出以简约之词，于正例变例辨析尤严。刺旧说者十之七，参臆说者十之三。

四、此编于解识六书之后，首论字形，次论字音，次论字义。盖字音寓于字形，字义寓于字音。故观字形即可以知其音，聆字音即可以知其义，按之中国文字，历历不爽。

五、自篆文易为隶书，然后字失其形。故此编于字形之迁变记载特详。

六、中国之文字，察其偏旁即可知其所含之义。此又字形与字义之关系也。欲穷字义，当求之字形未变之前。故此编于古文大篆，各列数文以备参考。

七、高邮王氏有言：训诂之旨，存于声音。栖霞郝氏有言：凡音同、音近、音转之字，皆可通用。此即字义与字音之关系也。故此编辨论字音较字义为尤详。

八、此编所论音韵，约有三端：一曰古音，二曰今韵，三曰等韵。此皆音韵学之大纲也。

九、此编于论古韵之后，即论双声、叠韵者，以不明双声、叠韵之法，则考证古音及汉儒音读，均扞格难通。故约举双声、叠韵之法以发其凡。

十、切音亦审音之一助，故此编约论切音之法，以正音读，以瀹童蒙。

十一、诗言"古训是式"，孔子言《尔雅》以观于古。盖不明古训，不能读周、汉以上之书。故此编于古今训诂之学，发凡起例，俾学者援类而求。

十二、字类分析之法，另于下编详之，故此编仅述其大纲。

十三、此编第三十课所论一字数音，多与廿一课所论双声相出入。（三十一课所论一字数音，亦与十一课论假借相出入。）然廿一课系论双声之作用，而三十课则论一字异读，由于双声义各有归，非复文也。

十四、此编于古、今音读训诂之学，各分条例。有为近儒所已言者，有为近儒所未言者，非惟为国文入手之阶梯，且为读周汉古书者之门径。昔休宁戴氏有言："经之至者道也，所以明道者词也，所以成词者未有能外于小学文字者也。"又曰："训诂明则古经明，古经明则我心自然之义理乃因之以明。"嘉定钱氏有言："由声音文字以求训诂，由训诂以求义理。"盖不通小学不能读古书，不读古书奚能工文？故此编所列，为读古书之门径，实则工文词之基础也。若以深文奥意目之，岂其然哉！

《中国历史教科书》凡例

　　读中国史书有二难：上古之史多荒渺，而记事互相歧；后世之史咸浩繁，而记事多相袭。中国廿四史，既不合于教科，《通鉴》《通典》《通考》亦卷帙繁多。而近日所出各教科书，复简略而不适于用。欲治中史，非编一繁简适当之中国历史莫由。

　　西国史书多区分时代，而所作文明史复多分析事类。盖区分时代近于中史编年体；而分析事类则近于中国"三通"体也。今所编各课，咸以时代区先后，即偶涉制度文物于分类之中，亦隐寓分时之意，庶观者易于了然。

　　中国史书之叙事，详于君臣而略于人民，详于事迹而略于典制，详于后代而略于古代。今所编各课，其用意则与旧史稍殊。其注意之处约有数端，试述之如下：

　　一、历代政体之异同。

　　二、种族分合之始末。

三、制度改革之大纲。

四、社会进化之阶级。

五、学术进退之大势。

今日治史,不专赖中国典籍。西人作中国史者,详述太古事迹,颇足补中史之遗。今所编各课,于征引中国典籍外,复参考西籍兼及宗教社会之书,庶人群进化之理可以稍明。

所编各课,于所采各书,必详注所出。(所采取书计数百种。)于古代地理,亦注以今名。一二私见,附以自注,以供学者之参考。

各课之后,偶附年表及帝王世系表、历代大事表,而职官、地理各表及封建、井田、学校等图亦偶列焉。

《中国地理教科书》序例

昔周代之时，崇尚地学、观形方氏掌辨天下之地域而正其封疆，则言地学者必首明区画。天官各职均言"惟王建国，辨方正位"，则言地学者必首明地势，司险"掌九州之图，而知其山林川泽之阻"，职方氏"掌天下之图"，以"周知其利害"，则言地学者尤贵洞明形胜。土训援地生"以诏地求"，大司徒"以天下土地之图，周知地域广轮之数，辨其山林、坟衍、原隰之名物"，山师、川师掌川泽之名，"辨其物与其利害"，则邦国之物产，乃治地学者所当知也。司险掌达九州之道路，合方氏掌达天下之道路，则道路之交通，又治地学者所当考也。训方氏"掌道四方之政事，与其上下之志，诵四方之传道"，郑君云：即后世所传"述往古之事"。夫往古事迹犹传训不忘，况于古迹。又党正"属民读法，书其德行道艺"。夫时贤言行，犹巨细必书，况于先哲。若诵训掌道方志，小史"掌邦国之志"，志也者，贯穿今古之书也。则地理之沿革不得不详。况司会之职，于郊野县都掌其书契版图之贰，而设官分职与体国经野要政并垂。故职方氏之职云："置其职，各以其所能；制其贡，各以其所有。"则官制税额，均与地学有关。后世志乘，均沿此例，惟记载较繁。若《一统志》诸书，于山川形胜附见于古迹之中，昧于设险守国之义。夫地理之学，不外考古通今，然近世之治地学者，各有所偏。官书案牍可以通今而不足以考古，图经史乘可以考古而不足以通今。今编此书，力矫此失，以考古通今为宗旨，不复偏于一端。虽未能博考群书，然中国地理之大纲略于斯可睹矣。丙午十二月六日序。

《中国地理教科书》序

近世以来，治地学者析为天文地理、地文地理、人文地理三种。吾观苍颉有言，地日行一度，风轮扶之。岐伯亦曰：地为大气所举推之。玑衡齐政，著于虞廷；土圭测景，详于《周礼》。张衡天仪辨势审形，裴氏舆图按度计里，则天文地理固为古人所特详矣。《禹贡》一篇，地学之祖，详于导水导山之法，以山川定疆域，不以疆域定山川，并以勾股之形，定山川之高下。又《尔雅》一书，有《释地》《释丘》《释山》《释水》四篇，因义立名，区画昭然。而史公志河渠，桑钦著《水经》，穷源竟委，提要钩玄，则地文地理，亦为古人所不废矣。《汩作》《九共》，详于厘土分方之法；而伯益《山海经》，又详叙山川物产。周代之初，邦中之版，掌于司书；九州之图，藏于司险。司徒知地域广轮之数，以辨五地之物生；职方辨邦国都鄙之民，旁及财用谷畜之数，推之《史记·货殖传》《汉书·地理志》，于风俗、民情、物产，莫不明晰辨章。则人文地理亦为古人所特详矣。盖秦汉以前，舆地之书，咸崇实用；秦汉以后，舆地之学，崇尚空言。惟亭林著《郡国利病书》详于行政，景范著《方舆纪要》明于用兵，稍与空言有别。而近世巨儒，精研地学，详于考古，略于知今。以考证标其帜，一城一邑，辩及千言。故地理之书日增，而地理之学日晦。夫人民之所栖托者，大地之上也，今也于海陆之区分，山川之流峙，邦国之建设，物产之盛衰，民风文化之变迁，不自知其所以然，犹之冥行而欲索途也。吾为此惧，编《中国地理教科书》，浅明简直，以便初学，使治地学者，可以由浅而入深。古人有言：知古不知今，是为陆沉；知今不知古，是为聋瞽。学者明于此义，庶可以治地理学矣。

《中国民约精义》序

吾国学子知有"民约"二字者三年耳,大率据杨氏廷栋所译和本卢梭《民约论》以为言。顾卢氏《民约论》,于前世纪欧洲政界为有力之著作,吾国得此,乃仅仅于学界增一新名词,他者无有。而竺旧顽老,且以邪说目之,若以为吾国圣贤,从未有倡斯义者。暑天多暇,因搜国籍,得前圣曩哲言民约者若干篇,篇加后案,证以卢说,考其得失,阅月书成,都三卷,起上古讫近世,凡五万余言。癸卯十月,以稿付镜今主人,主人以今月付梓来索序。仲尼有言:"述而不作。"兹编之意,盖窃取焉叙中国民约精义。甲辰四月下浣。

《公羊》《尔雅》相通

近儒以《礼运》《孟子》附会《公羊》，惟未及《尔雅》。予按《尔雅·释诂》首列始字之训，继列君字、大字之义，而《公羊传·隐公元年》云："元年者何？君之始年也。春者何？岁之始也。王者孰谓？谓文王也。曷谓先言王而后言正月？王正月也。何言乎王正月？大一统也。"此《公羊》《尔雅》相通之证。

贾生《鹏赋》多佛家言

西汉之时，佛教未入中国，而贾生《鹏赋》则多佛典之言。试详释之：

《鹏赋》曰："万物变化兮，固无休息。斡流而迁兮，或推而还。形气续转兮，变化而嬗。"此即佛家"不生不灭"之说，所谓"其来无始，其去无终"也。又曰："祸兮福所倚，福兮祸所伏。"此即佛家因果之说，所谓现在之果，即过去之因；现在之因，即未来之果也。又云："合散消息兮，安有常则？千变万化兮，未始有极。忽然为人兮，何足控抟；化为异物兮，又何足患！"此即佛家轮回之说，所谓堕众生界、堕畜生界也。又云："小知自私兮，贱彼贵我；通人达观兮，物无不可。"此即佛家平等之说，所谓无人、无我、无众生相也。又云："拘士系俗兮，攌如拘囚；至人遗物兮，独与道俱。"此即佛家解脱之说，所谓解尘缚得大自在也。又云："纵驱委命兮，不私与己。其生若浮兮，其死若休。"此即佛家一死生之说，所谓无所系恋，无所罣碍，无所恐怖，而生大无畏之想也。

以上六则，皆《鵩赋》近于释典者。盖贾生此赋，半出于《楚》《骚》，半源于《庄》《列》，故能具此思想也。

"儒林""文苑""道学"分传之由

古代之时，匪特道与艺合，亦且道与文合。《论语》"则以学文"，郑注以为道艺。《诗·大雅》"告于文人"，《毛传》以为文德之人。《佚周书》谥法解，以道德博厚为文；而韦昭注《周语》，亦以文为德之总名。故古代文人，莫不范身以德义，所谓"有德者必有言也"。后世文人无行，小有才名，未闻大道，荡检逾闲，为道德之大蠹。故蔚宗作史，即别《文苑》于《儒林》。后世文与道分，亦道与经分。《宋史》遂特立《道学传》别之《儒林》之外。近世汉学家斥其非，然若膺渊如诸公，奚能备古代师儒之选耶？

音韵反切近于字母

反切之学,中国传之已久。反切者,上一字定位,故同位之字为双声;下一字定音,故同音之字为叠韵。此不易之理也。中国之初,虽未明字母之用,然近儒知字母之义者,有刘继庄、(以三十二音为韵父,以三十二音为韵母,音有喉音、鼻音诸音。)江慎修、(《四声清切韵》。)洪初堂(《示儿切语》。)三家,而以戴东原之说为最当。案:戴东原作《转语》二十章,其书虽不传,然其序有云:"凡同位则同声,同声则可以通乎其义。位同则声变而同,声变而同则其义亦可以比之,而通谓非字母之嚆矢乎?"此即同声之字可通用之证。

盖中国之韵书有三类:一曰今韵,一曰古韵,一曰等韵。至金人韩道类作《五声集韵》,始以等韵合今韵。南宋吴才老作《韵补》,又以古韵合今韵。而近人刘凝、熊士伯之书,复以等韵合今韵。盖切韵虽出于西域,(上字为切,下字为韵,见《郡斋读书志》诸书。)

然观其大纲，不外统本韵之字各归于母，以五音总天下之音。（帮、滂、并、明、非、敷、奉、微，唇音也。端、透、定、泥、知、彻、澄、娘，齿音也。晓、匣、影、喻，牙音也。来、日，半齿半舌。凡三十六字，分为五音。江氏《四声切韵表》云："音韵有四等，一等洪，二等次大，三四皆细，而四尤细。"其说甚晰。）邹叔绩《五韵说》云："古韵之部类，即等韵之摄。古人之内言、外言，即等韵之等。古之字纽，即等韵之字母。"言古韵、等韵相贯之法最为明切。今即其说申之：盖古人韵书多分部类，（《切韵指掌》亦分为廿部。）自刘鉴《切韵指南》创为十六摄，摄之名自此始。是等韵之摄，即古人之部类也。《颜氏家训·音辞篇》云：郑氏注六经，有内言外篇之别。又《通志·七音略》亦有内转、外转之目。而《切韵指南》亦有内外目之辨。江先生云："大抵开口为外言，为外转，为侈；合口为内言，为内转，为歙。"（见《四声切韵表》。）是古人之内言、外言，即等韵之等也。又案：《广韵》用纽之法，或一等一纽，或两等合纽。其于一等二等也，必一等一纽；其于三等四等也，多两等合纽。凡一等一纽者，其字母不余于廿；两等合纽者，其字母不余于卅。此《广韵》五等即世声之明证。江晋三（有诰。）谓注古音必从字母，引《中庸》"孛"作"勃"，《孟子》"曷"作"害"为证。是古人之字纽，即等音之字母也。此皆古韵、等韵相贯之证。（等韵长于音，古韵长于文，此其不同之点。）知等韵、古韵之相贯，即知由双声、叠韵可以通反切矣；知反切之理，即知字母之不难制造矣。今欲造中国之字母，莫若师戴氏"转语"之意，而参以洪氏《示儿切语》之法，以三十六字母定位分等，悉采广音所用切音上一字各归其母，并列其等，复仿洪氏《四声首和表》之意，区音为四等，按韵按等，凡字在某位者即属某母，则中国字母似不难因端寻委矣。

盖居今日之中国，舍形字而用音字，势也；废各地之方言，用统一之官话，亦势之所必趋也。然以古字同音通用例之，则此例并非无所本矣。特字母教授之法，说者纷纭，殊难定断，姑发其凡例，以俟通儒之采择焉。

"有教无类"

"有教无类",若如朱注,说与下文"道不同"章相反。盖"类"者非指善恶言,乃指贵贱言也。考之《王制》,国之俊选,与公卿之子,并升于太学。是殷制教人,不以族类也。《周礼》卿大夫职掌选贤兴能,是周制教人,亦不以族类也。古者王公之子,不能学则下侪于士庶;士庶之子,能学则上侪于显位。而春秋之世,则世卿在位,贵族在官,惟在上者有学,而在下者无学,此才智之士所以多出于有位之人也。孔子此语,所以破当时等级之分,言当以有学无学分贵贱,不当以有位无位别贵贱也。"大同"之义,至此而愈明矣。

《孟子字义疏证》解"理"字

　　戴氏《孟子字义疏证》论"理"字最精,其以《孟子》"条理"二字解"理"字,与西儒以"秩序"二字解"理"字者同一妙解。至其论天理人欲,谓理者情之所不爽失者也,盖以理出于欲,使所欲而正,即谓之天理;使所欲而不正,即为非天理,与王船山所云天理即在人欲之中者同一精语,所谓王道不远于人情也。若王阳明谓有人欲即无天理,则袭禅学之皮毛,非定义矣。

性善性恶

　　孟子言"性善",故谓人人皆具有仁义礼智。盖人所秉于天者既同,则所得之权利当无不同,不得有彼此之差。此孟学所以出于公也。荀卿言"性恶",故以礼义为君主所制,有礼义即有法律,故以臣民当服从君主之下,使之不得自伸。此荀学所以流为私也。观西儒霍布士言性恶,而以专制政体为善、卢骚、陆克言性善,孟德斯鸠言良知,皆以共和之政为善。则孟、荀学术不同益可见矣。

富贵贫贱

上古之时，在位者皆富人，而贫者则居下位。故贵、贱二字偏旁从贝。贵者，物不贱也。（《说文》云："贵，物不贱也。从贝臾声。"字当作臾。）引申之为尊贵之贵。贱者，贾少也。（《说文》云："贱贾也。从贝戈声。"）引申之为卑贱之贱。是古代之民以贫富区贵贱，贫者必贱，富者必贵。《洪范》之言五福也，言富不言贵，所以明富者之必贵也。则贵即该于富之中。《洪范》之言六极也，言贫不言贱，所以明贫者之必贱也。则贱即该于贫之中。《洪范》又云："凡厥正人（《孔传》以正人为正直，非也。王伯申以为为长之人。）既富方穀。"穀者，受禄于朝之谓也。是当此之时，惟富人乃居上位。（《论语》"周有大赉，善人是富"。言富则必贵也。）又即《说文》贝部观之，贤者，多财也。引申之而为圣贤之贤。是古代以富人为贤也。（又如古籍称大人、小人，大人为年长之称，又为贵者之称，又为有德者之称；小人为年幼之称，又为贱者之称，又为无德者之称。是古代以贵者为贤，以贱者为不肖也。故又以富人为贤。）财者，人所宝也。财从才声，字与才通。而才又为才能之才。（本义为草木初生。）是古代以富人为才也。（又如賓字下云："所敬也。从贝，宂声。"盖古代以远人为宾，而远人之来皆因贡献，贡献必以财货，故賓字从贝，亦古代重财之证。）盖太古之世，富者操使民之权，故帝王即授以重位，乃由富而贵，与后世因贵致富者不同。（今西国选举议员，亦以有财产者充之，亦其证也。）此《周礼》所由言安富，而管子治齐所由行商贾之选举也。（见第二册《政法学史序》。）晋刘毅言九品中正之弊，谓"上品无寒门，下品无世族"。岂知古代选举之制，正与刘毅所言相同哉。及东周以降，贫贱之士，渐得进身于朝，（战国时公卿爱士，而贫士之进者愈多。）恶富人之妨己位也，致发愤以斥富人。后儒不察，遂轻视富人，屏诸清流之外，此则古今之不同者也。

氏、姓不同

《国语·周语》言禹平水土,皇天嘉之,祚之天下,赐姓曰姒,氏曰有夏。……胙四岳国,命为侯伯,"赐姓曰姜,氏曰有吕"。此即氏姓不同之证。(下文又云"亡其姓氏",又曰"命姓授氏",亦氏与姓并举之证也。)氏与国同,"氏曰有夏",言国以夏为名也。"氏曰有吕",言国以吕为名也。吕地近申,在今南阳府附近,即子重请申吕为赏田之地也,(《左传·成七年》。)为四岳所封之故国,即《国语》所谓"氏曰有吕"也。《禹贡》言"锡土姓",亦《国语》此文之确证。言国,言土,言姓,文异而语实同,惜注《国语》者不知耳!

孔门论学之旨

孔门之论学也，不外博、约二端。孔子曰："君子博学于文，约之以礼，亦可以弗畔矣夫！"（颜渊之称孔子也，亦曰"博我以文，约我以礼"。）故儒书所记，悉以博、约为治学之宗。如多闻，多见，博也；"择其善者而从之"，约也。多能，博也。"君子多乎哉，不多也"，约也。《中庸》言致广大，极高明，博也；尽精微，道中庸，约也。其有反乎博、约者，如执德不弘，即不博也。信道不笃，即不约也。故子夏戒之。若夫《中庸》言博学而归之于慎思，子夏言博学而归之于笃志，孟子言博学而归之于详说，皆博而继之以约者也。朱子《中庸序》谓："放之则弥六合，卷之则退藏于密。"匪独道然，即为学亦然也。（陈氏《东塾读书记》称日知所亡，月无忘所能二语，予观"默而识之"，知也；"学而不厌"，无忘也；"多见多闻"，知也；"择善而从之"，识之无忘也；"切问"，知也；"近思"，无忘也；"知所亡，而无忘所能"，亦博学之义也。）若夫汉儒说经,"稽古"二字,释以三万言,则博而不约。（近世经学家亦蹈此失。）陆、王末流,自矜顿悟,束书不观,则约而不博。博而且约,其惟朱紫阳、戴东原乎!

音近义通之例多见于《小尔雅》

古字通用存乎声音,故古音相近之字义即相同。郝兰皋作《尔雅疏》,王念孙作《广雅疏》,既知用此例以释古训矣。此例也征之《小尔雅》而益信。《小尔雅》为孔鲋所著,系孔氏之古文,(晁公武说。)周秦旧训多具于此书。试详考之:如懿、瀀二字训深,而懿、瀀为叠韵;莽、莫二字训大,而莽、莫为双声;赋、铺、敷三字训布,而赋、铺、敷之音近于布;钟、崇二字训丛,而钟、崇之音近于丛;袚、屑二字训洁,而袚、屑之音近于洁。推之媚训为美,夥训为多,蔡训为法,掠训为略,旧训为久,略训为界,捷训为疾,掇训为拾,没训为灭,非属双声,即为叠韵。此皆《广诂篇》之可证者也。(又如盖、戴二字训覆,旬、营二字训治,履、庀二字训具,蔑、末、没三字训无,尼、切、戚三字训近,彻、接二字训达,斁、曙二字训明,户、扈二字训止,穷、充二字训竟,乃、若二字训汝,弯、挽二字训引,捷、集二字训成,拓、斥二字训开,辟、缺二字训隙，迭、递二字训交，亦同义而兼双声叠韵者也。皆见《广诂篇》。）更即《广言篇》考之，如旰、晏之训晚，交、校之训报，沓、袭之训合，迪、迹、之训蹈，以及鬻字训举，挟字训币，享字训当，辨字训别，旋字训还，捷字训及，奸字训犯，工字训官，惎字训教，贾字训价，登字训升，纪字训基，素字训故，徨字训往，皆取音通之字互相训释者也。（又如佥、皆训同，舒、布训展，索、略训求，延、衍训散，末、没训终，缩、读训抽，睇、题训视，亦音近之字而其义相同者也。见《广言篇》。）若《释训篇》所载，旃字训焉，"恶乎"训为"于何"，亦此例也。是则上古之时，一义仅有一字，其有同一字而字形不同者，则以方言不同，各本其土音造文字。故同声之字，义必相符。《小尔雅》一书，诚小学家之津梁哉！

古代以黄色为重

近代以来，种学大明，称震旦之民为黄种，而征之中国古籍，则五色之中独崇黄色。《易》曰："天玄而地黄。"《说文》亦曰："黄，地之色也。从田，苂声。"盖神州之间，土为黄色，而上古之时，即以土色区种色。《易·系辞》云："坤为地。"（魏博士秦静亦曰：坤为土。）而《坤卦·六五》则曰："黄裳元吉。"盖坤为阴物，故汉儒之释《易》者，谓阴爻居中，皆称为黄。试即《周易》全书征之：雷水为《解》，九二易阳爻为阴爻，象为雷地。（《豫》卦也。）故其词曰："得黄矢，贞吉。"而《象辞》以"得中道"释之。火风为《鼎》，六五，为阴爻。故其词曰："鼎黄耳。"而《象辞》以"中"以为饰释之。泽火为《革》，初九，易阳爻为阴爻，象为泽山。（《咸》卦也。）故其词曰："鞏用黄牛之革。"重火为《离》，六二，为阴爻。故其词曰："黄离元吉。"（《象》词亦以得中道释之。）皆阴爻居中称黄之证也。（又案《噬嗑》之象为雷火，六二言"得金矢"，六五言"得黄金"，金亦黄色之代表也。）盖古代以黄为中和之色，（《白虎通》云："黄者中和之色，自然之始，万世不易。黄帝始作制度，得其中和，万世常存，故称黄帝也。"《风俗通》云："黄者，光也，厚也，中和之色，德四季，与地同功，故称黄以别之。"）故《月令》之记"中央土"也，色皆尚黄。（如"其帝黄帝"，建黄旗之类是也。）又南蒯占筮，遇《坤》之《比》曰："黄裳元吉。"示子服惠伯，惠伯谓："中不中，不得其色。"（见《左传·昭公十二年》。）《太玄经》亦曰："黄不黄，失中德也；黄不纯，失中适也。"是古代以黄为中德。又黄训为光，（《说文》黄字炗声，炗古文光。）光为光辉之义。（如《易经》"观国之光"，"辉光日新"是也。）故震旦、支那之义，皆起于光、辉、黄，与皇通。（《风俗通》云："皇者，中也，光也。"与黄字训中、训光者相通。《尚书刑德考》亦云："皇者，煌煌也。"）故上古之君，皆称为皇。黄帝者，犹言黄民所奉之帝王耳。后儒不察，饰黄神、（《河图握拒》云："黄帝名轩，北斗，黄神之精，匈文曰黄帝子。"）黄星、（《拾遗记》云："黄帝以戊己之日生，时有黄星之祥。"）黄云（《春秋演孔图》云："黄帝之将兴，黄云升于堂。"）之说以附会其词，不足信也。又《风俗通》云："俗说天地初开辟，未有人民，女娲抟黄土为人。剧务，力不暇供，乃引绳縆泥中，举而为人。故富贵贤智者，黄土人也。贫贱凡庸者，引縆人也。"说虽荒渺，然足证古代人民悉为黄种。《风俗通》析黄土人、引缅人为二类,盖黄土人者,汉族之民,而引缅人者,则为异族之民。(犹言引弓之民。)与《尧典》之分百姓黎民者相符,不得以其荒诞而并斥之也。观《汉书·律历志》,谓万事起于黄钟之宫,亦古代重黄之证。此姜斋遗著所由以《黄书》为名也。(后序所论甚精。)惜后儒昧焉不察耳!

《周易》言位无定

《易·系辞》曰："列贵贱者存乎位。"然《易经》之言位也，至为无定，如五为君位，二、三、四为臣位；而《乾》之九四，首言"或跃在渊"，则以臣位而有君象矣，君位岂有定哉？《乾》之上九则曰："贵而无位。"此非指隐沦不仕者言也，乃指功成不居者言也。（如美华盛顿是也。）且君而曰位，则君之去臣，犹乎臣之去民也，岂君位遂为无上之尊哉？此《孟子》所由言"天子一位也"。（《日知录》"周室颁爵禄"条已知此义。）

古人贵能让

《尚书》始于唐、虞，以《尧典》《舜典》居首，犹之《春秋》之首隐公也。（《公羊传》云："何成乎公之意？公将平国而反之桓。"）皆贵其能让君位，不以天下一国自私。孔子曰："能以礼让为国乎何有？不能以礼让为国，如礼何！"尧、舜、鲁隐，皆孔子所谓"以礼让为国"者也。《史记》本纪首五帝，世家首太伯，列传首伯夷，亦即斯义。后世私天下于一己者，可以鉴矣。

"虽有周亲，不如仁人"

《论语·尧曰篇》云："虽有周亲，不如仁人。"释此语者，或谓纣之至亲虽多，不如周家多仁人。（朱子说。）或谓周之亲虽多，不如殷之有三仁。（见《正义》所引。）二说皆非。此武王泛言用人之法耳，即立贤无方之意。言亲而不贤，不如疏远而贤，如二叔不咸，（《左传》"昔周公吊二叔之不咸"，杜注以为夏殷之叔世不如此，即指管叔蔡叔言也。杜说非。）不若太公辈之辅周，即其证也。下文言"举佚民"。佚民者，亦疏远之民也。且商纣之时，官人以世，（见《书经》。）故武王矫之。

"法先王""法后王"

西汉之时，法先王者有董子，故称仁义，贱五霸。法后王者有史公，故谓战国权变，亦颇有可采者，何必上古。（贾生亦多法后王。）是董子、史公之学，迥然不同。盖孟子法先王，荀卿法后王，降及西汉，两派犹存。后儒高谈皇古，而法后王者遂鲜矣。

析支即鲜卑

《尚书·禹贡》之"析支",为雍州以外属国。《大戴礼·五帝德篇》作"鲜支",盖鲜、斯二字古通。(见顾氏《日知录》及阮氏《揅经室集·释鲜》篇中。)斯、析二字音近,而支、卑二字古韵亦符,则"析支"疑即"鲜卑"也。(近俄人称乌拉岭以东皆为西北利亚,西北即解卑之转音,乃鲜卑人之旧壤也。故《禹贡》雍州西北边境,亦为鲜卑国也。)

游牧之制至三代犹存

游牧之制，至三代犹存。《禹书》言"莱夷作牧"，而《左传》言夏少康"为仍牧正"，（哀公元年。）足证夏代之制，游牧与耕稼并行。又《尔雅·释地篇》云："邑外谓之郊，郊外谓之牧，牧外谓之野。"野也者，耕稼之地也。牧也者，游牧之地也。《释地》为殷代之制，是殷代之时，仍以游牧与耕稼并重也。周代虽以农业开基，然《无羊》之诗曰："尔牧来思。"《君子于役》篇曰："羊牛下来。"则游牧之制，至周犹存。又考春秋之时，卫侯庐于曹，齐桓公归之牛羊豕鸡狗皆三百。（《左传·闵二年》。）齐人伐莱，莱人使正舆子赂之索马牛皆百匹。（《左传·襄二年》，盖莱夷本禹时作牧之地也。）推之秦用三百牢于鄜畤，（《史记·封禅书》。）吴征百牢于鲁，（哀七年《左氏传》。）而范蠡畜牸畜骍，富比封君，（《史记·货殖传》。）足证春秋之世，牧畜蕃滋。秦汉以来，而牧畜之利日微矣。

火山

火山之说，中国书籍言者甚鲜。考《山海经·大荒西经》云："西海之南，流沙之滨，赤水之后，黑水之前，有大山，名曰昆仑之丘……其下有弱水之渊环之，其外有炎火之山，投物辄然。"（郭注云："今去扶南东万里，有耆薄国，东复五千里许，有火山国。其山虽霖雨，火常然。火中有白鼠，时出山边求食，人捕得之，以毛作布，今之火浣布是也。即此山之谓也。"予按：郭注所引，乃南洋各岛之火山，非《山海经》之火山也。）案：昆仑与今新疆相近，今天山南北二路，皆有火山，（《新疆志略》云："天山北路有火山，曰咱山，天山南路有火山，有合州山，皆昼夜吐火不息。即《山海经》所谓炎火之山也。"）即《山海经》所谓炎火之山也。又案：晋木广川《海赋》云："阴火潜燃。"阴火者，即海中之火山也。则火山之说，非不见于中国书籍矣。

字有虚用实用之分

古人造字，由语言通之文字，故字音既明，则字义自显，初无俟于训释也。后世训诂既兴，有即以字音定字义者，见于诸经，不可枚举。如《易经》：蒙，蒙也。比，比也。剥，剥也。即以本字训本字，而虚用实用之分毕见矣。又《诗大序》云："风，风也。"《邶风·北风》篇："其虚其邪。"《毛传》云："虚，虚也。"《礼记·乐记》云："君子曰乐，乐其所自生。"《释文》云："二乐字并音岳。"一举其音，而字义昭然，此由言语显明之故也。古同音假借之义，殆即由此而生与？

孔门弟子多治诸子学

孔门弟子如子贡之纵横家，（说四国存鲁。）樊迟之农家，子路之兵家，（若有若从微虎欲入吴军，公良孺力战蒲人，而公孙龙亦以勇闻，皆兵家之流亚也。）皆班班可考。而治道家、墨家之言者尤属众多。仲弓，（仲弓言"居敬行简"，而荀子亦言子弓告人以太古。）宓不齐（如为单父宰时，颇用清净之术。）之流，用老子之术以驭民，曾点、琴张之徒师庄、列之狂以避世，（即闵子骞等之高节，亦多师黄老之术。）而澹台子羽、漆雕开（韩非子以为不色挠，不目逃，即此人。）则又近于释家之任侠，皆孔门弟子杂治诸子之证也。而兼治道、墨之言者，厥惟宰我。宰我初治黄老之术，故管异之谓宰予昼寝，近于庄老，明自然。（《四书纪闻》曰："宰我天资高明，有庄老明自然之意。问从井救人，即小仁义也。欲短丧，即临丧不哀也。昼寝，亦与原壤、子桑伯子所为相类。"）厥后改治墨家之术。问从井救人，即墨家兼爱之旨也。问鬼神之名，即墨子敬天明鬼之旨也。（故又问六宗。）欲行短丧，即墨子节葬之旨也。善为说辞，即墨子辩学之遗也。故孔子于宰我之言，屡加驳诘，此即儒墨相争之证也。孰谓孔子不攻墨学欤？

《易》不言五行

　　两汉之儒，以五行释经者，如《春秋繁露》(《天地之行》篇，《五行之义》篇。)《白虎通》(《五行》。)《说文》(五字下。)郑君《书》注是也。而以五行言灾异者，亦莫不附会经文，不知六经之书不言五行。孔子师文王之意，斥五行而从阴阳，故子思、孟子稍言五行，(子思言五行，殆即《中庸》所言"天命之谓性"也。故郑以五行释性。)即为荀卿所斥。而《易经》一书，始于伏羲，成于文王、孔子。伏羲之时，未有五行之说，文王、孔子不奉五行，故《易经》一书无一语涉及五行。西汉焦、京之流，以《易经》说灾异，杂糅五行之说，已与经文相违。而郑君之注《周易》也，则以金、木、水、火释四象，马融作注，复以四时生五行说《系辞》。宋儒作先天后天图，至谓《河图》《洛书》皆以五行为主，可谓歧中之歧矣。近世巨儒不察其非，如孔巽轩、钱溉亭之俦，莫不以五行之说缘饰《易》义，而孙堂《汉魏二十一家易注序》云："经曰天数五，地数五，五位相得，而各有合。所谓五位者，非即五行之谓乎？"背弃家法，莫此为甚。故杂五行以说《易》，皆非本经之家法也。（惟《洪范》言五行，系出箕子之传，汉儒本之言五行，固合《洪范》之家法，不得以《周易》例之也。）

《易》言"不生不灭"之理

　　《易》言"精气为物,游魂为变"。此二语即"不生不灭"之意也。上语言由灭而生,下语言由生而灭。陈师道谓"游魂为变"为回轮,而吕柟驳之曰:"灯熄而然,非前灯也;云霁而雨,非前雨也。"案:轮回之说过拘,驳之诚是。(钱竹汀亦作论驳之。)而吕说亦非。何则?烛灭为膏,融膏则复为烛;器毁为土,范土则复为器。故此国灭,而彼国兴,国之土犹自若也。若即此例以观之,则不生不灭之说似未可非。(张横渠曰"聚亦吾体,散亦吾体",即《周易》此二句之确证。立说最精。)

《山海经》不可疑

昔郭璞之序《山海经》也，谓世之览《山海经》者，皆迂其闳诞夸迂，多奇怪俶傥之言。呜乎！此岂知《山海经》者哉。考西人地质学，谓动植庶品，递有变迁，（西人地质学分地级为十二级，一曰花刚石层，二曰化形石层，皆无生物。三曰老林低安层，略有生物。四曰甘比里安层，始有水草。五曰昔卢安斯层，始有海中水族。六曰旧红砂层，始有陆地草木及昆虫及鱼族。七曰煤炭层，始有呼吸类之动物。八曰比耳米安层，始有珊瑚及鳞介类。九曰得来散层，始有鸟兽。十曰鱼子石层，十一曰白石粉层，始有大鸟大兽。至第十二层，始有人类。动物者，植物之所演也。人类者，又动物之所演也。一种类兴，则一种类灭，此必然之理。）观《山海经》一书，有言人面兽身者，有言兽面人身者，而所举邦国草木，又有非后人所及见者，谓之不知可也，谓之妄诞不可也。夫地球之初，为草木禽兽之世界。观汉代武梁祠所画，其绘上古帝王，亦人首蛇身及人面龙躯者，足证《山海经》所言皆有确据，（故王延寿《鲁灵光殿赋》曰："伏羲龙身，女娲蛇躯。"）即西人动物演为人类之说也。观西国古书多禁人兽相交，（《旧约》所言尤众。）而中国古书亦多言人禽之界。（故孟子言"则近于禽兽"及"人之所以异于禽兽者几希"是也。）董子亦曰："人当知自贵于万物。则上古之时，人类去物未远，亦彰彰明矣。（大约人类愈野蛮，则去物愈近；愈文明，则去物亦愈远。）《山海经》成书之时，人类及动物之争仍未尽泯，此书中所由多记奇禽怪兽也。又《孟子》言帝尧之时，兽蹄鸟迹之道交于中国；《左传》言禹铸九鼎"使民知神奸，故民入川泽山林，不逢不若"。（宣公三年。）则当时兽患仍未尽除也。故益焚山泽，而禽兽逃匿；周公驱虎豹犀象而远之，皆人物竞争之关键也，安得以《山海经》所言为可疑乎！（上古之时，人能胜物，即优胜劣败之公例，故野蛮民族又为文明民族所争服也。观西人达尔文之书，其理自见。）

西域道路古今不同

《汉书·西域传》言：从鄯善傍南山北波河西行至莎车为南道，南道西逾葱岭，则出大月氏、安息。自车师前王廷随北山波河西行至疏勒为北道，北道西逾葱岭，则出大宛、康居、奄蔡、焉耆。而陈汤之取郅支也，兵分两道，一道逾葱岭经大宛以至康居，此正道也；一道由温宿入赤谷过乌孙，涉康居界至阗池西，此奇道也。盖汉之南北二道，与今之道路不同，南道今湮入戈壁，其北道则今南道也。陈汤之进兵，盖由今阿克苏而分道，一军越木素耳岭西北行，一军向喀什喀耳西南行，是为南北夹攻之策。后世如唐玄奘度凌山至清池，西经千泉怛罗斯，与陈汤西北行之道若出一辙。若丘长春《西游记》、刘郁《西使记》所由之程，则与之稍异。盖一则由今阿克苏而北，而绕克穆尔图泊之南；一则由今伊犁而西而绕克穆尔图泊之北耳，其渡纳林河则一也。地势无常，古今各异，信哉！

阳明格物说不能无失

　　阳明之说"格物"也，其言曰："格，正也。正其不正而归于正也。"（陆澄录。）又曰："格物如孟子大人格君心之格，是去其心之不正，以全其本体之正。但意念所在，即要去其不正以全其正，即无时无处不是存天理。"（徐爱录所记。）又曰："吾解格物，所谓如格其非心者。大臣格君心之非，是皆正其不正而归于正之义，而不可以至字为训。"（《答顾东桥书》。）又曰："格物是止至善之功，既知至善，即知格物矣。"（徐爱录所记。）又曰："吾教人致良知在格物上用功，却是有根本的学问。日长进一日，愈久愈觉精明。世人教人事之物物上去寻，却是无根本的学问。"（黄修易录所记。）以上数条，皆阳明解格物之语。但阳明之说，主于良知，以《大学》之"明德"为良知，以去恶存善为"止至善"。故其解"古之欲明明德于天下"节也，以"诚意"为主。以"诚意"为主，故以扞格外物解格物，而以"去人欲，存天理"为此节之宗旨也。但如阳明之说，训"格"为"正"，则格物即正心矣。《大学》何必区而二之乎？故王阳明之解格物，不若朱子之确也。朱子之解格物也，则用程子之意。其言曰："所谓致知在格物者，皆欲致吾之知在即物而穷其理也。"又云："是以《大学》始教，必使学者即凡天下之物莫不因其已知之理而益穷之，以求致乎其极。"与《中庸》"不诚无物"互相发明，诚千古不易之说也。阳明之初，亦从朱子之说，其所以谓天下之物本无可格者，不过因己以格亭前之竹，以致劳神成疾耳。故谓格物之功，只在身心上做。呜乎，独不观于西人之学，凡天下之物，无一非可格之物乎！则朱子之说，不当斥之也明矣。阳明良知之说，本不可非，其所以不从其格物之说者，则以阳明之说流于虚，不若朱子说之证于实耳。故特辨之。

《墨子·节葬篇》发微

　　《墨子·节葬》下篇之旨，自孟子斥之于前，荀卿斥之于后，士大夫偶有道及者，则众斥为异端。予谓此特由于未观《墨子》耳。夫墨子《节葬》之旨有二：一曰费无用之财；二曰损生人之性。前之一说，原于节用者也，故主于俭；后之一说，厚于兼爱者也，故主于仁。盖墨氏之旨，以为人所以生财，而生财则所以富民。今丧葬不节，则人之因服丧而废有用之日者多矣。有用之日废，则生财之数愈乏矣。况厚葬则厚于以送死，而薄于养生，耗财之用愈多，而生财之数必寡；生财之数寡，盗窃所由兴也；盗窃之兴，刑罚所由立也。墨子以厚葬久丧为"国家贫""人民寡""刑政乱"之祖殆谓此。夫至于损生人之性者，则以人以有用之身，不当因哀而致毁，与《礼记》所言不胜丧，乃比于不慈、不孝同出一辙。谓之与儒家异则可，谓之为儒家罪人则不可。盖儒家之说，所以发人不忍之心，而墨家之说，则亦由不忍人之心而推之者也。但所引尧、舜、夏禹之说,则不过引前说以为己说之证耳,似未可据之为实。盖节丧、节葬,乃墨子所特创之说也。

《王制篇》言地理中多精言

《礼记·王制篇》有言："广谷大川，民生其间者异制。"此语甚有精理。近日以来，地学发明，而西人多以地理言政治。谓平原之国多行中央集权之制，山岳之国多行地方分权之制。故希腊以多山而分为无数小国，法国以少山而合为一统之国。盖山川之隔，人情风俗之所由异也。人情风俗既异，此邦国所由一分而不可复合也。中国山岳虽多，然地多平原，故一统之时多，而分立之时鲜少，《王制》之言诚精确矣。

理学不知正名之弊

　　中国民气积弱之原，实由于伪学之鼓煽；而伪学之兴，则由于不知正名，致谬说频仍，相沿莫革。吾试即其最著者言之，莫若诚、敬、忠、柔四字。敬者，警也。言作事当加警惕也。即《尚书》"严恭寅畏"之意，而振发有为之义已隐寓其中，非仅主一无适之谓也。后世以主一无适为敬，内省而拘，外慎而泥，求其心而适以锢其心，适成其为拘浅之陋儒而已。故主敬与主静相混，何足为敬哉！诚者，真实无妄之谓也。且诚之言成，所以成己成物，故惟格物致知者能之。即各事征实之义也。而今之所谓诚者，以迂谨守其身，而托为老成持重，故世人之言诚者皆曰诚笃，直一无刺无非之乡愿而已，何足为诚哉！忠者，中心之谓也。故秉公理以行事者为忠。如《左传》有云："上思利民，忠也。"曾子亦曰："为人谋而不忠乎！"是忠字为普通之字，非仅指对君主言也。今也以对于君者为忠，岂对于人民者不当曰忠耶！且君而暴虐，为臣者犹尽心以助之，直一长君逢君之人耳,何足为忠哉!柔者,阴谋家之权计也。故老子、鬼谷子之书,多言柔字之用。今也以柔字为美名,使天下之士悉出于奴颜婢膝之一途,人人无争竞之心,人人无勇锐之气,何足为柔哉!伪学之兴,此其数端。盖秦汉以下,专制君主,悉以锄抑民气为宗,由是著书立说之儒,亦不惜曲学媚世,以献媚人君。宋儒既兴,沿波汩源,而伪学之行,厄千年而未革,使才智之士,悉陷溺其说而不自知,此则中国儒者之过也。

《春秋繁露》言共财

《春秋繁露·度制篇》大抵欲"富者足以示贵,而不至于骄;贫者足以养生,而不至于忧",此均贫富之善策。盖贫者之日贫,皆由于富者之日富,孔子言"放于利而行多怨"者,即以富者各从其欲,而与小民争利也。《礼》言"君子仕则不稼,田则不渔,食时不力征",言不尽利以遗民也。不然,争利不可,兴利岂不可乎?三代井田之制,为均贫富之善策,虽以今日西人之文明,犹有贫民富民之争,以此见贫富之不易均矣。

西周强大所由来

周自太王之时,既蓄翦商之志,至季历灭毕、程、义渠,东伐燕京余无戎,盖翦除邻国,奄有雍西,而兵力直达河东。文王为雍州牧伯,南兼梁荆,(《书》郑注。)故率三州之诸侯,而王化行于江汉汝坟。(《诗序》。)及受命以后,兼并密须、邘、崇诸国,奄有雍州全土,诸侯归者四十国。(《纪年》。)故三分天下有其二。(《论语》)及用兵伐耆,已由河西达河东,进逼殷都。盖周之谋殷已非一日,(《论语》言文王事殷不可信。)自文王开强大之基,故武王观兵诸侯,从者八百国,(《史记》。)旁及庸、(今郧阳。)蜀、(今成都。)羌、(今甘肃西南。)髳微、(今四川东南。)卢、(今襄阳。)彭、(今眉州。)濮(今湖南省。)诸国,亦率兵从征,(《书经》。)非周室威力远被之证哉!此商亡以后天下所由归周也。

王季无迁周事

《竹书纪年》有王季由岐迁毕之文,一若文王初立之时即不居岐山,不知《诗》言"天作高山,太王荒之。彼作矣,文王康之"。《郑笺》以高山即岐山。又《说文》岐字作"邙",释之曰:周文王所封。而《孟子》亦言昔者文王之治岐。是文王即位之初,仍居岐下,无王季由岐迁毕之事也。

太康失邦非避羿乱

《书序》云："太康失邦，昆弟五人须于洛汭，作五子之歌。"自伪《书》以太康为后羿所拒，伪《传》遂言仲康为羿所立。而《帝王世纪》亦曰："自太康以来……为羿所逼。"夫谧亦造作伪《书》之人，故造此说以证伪《书》。然《左传》言后羿自鉏迁穷石，而下文即言因夏民代夏政，是羿迁穷石即代夏为君，当在帝相之时，非有拒太康立仲康之事也。故太康失邦，由于五观。案《楚语》言启有五观，与丹朱、商均并言；《左传》言夏有观扈，与姺邳、徐奄并言，盖五观皆为启子，（《国语》注。）又为与少康争位之人，故《佚周书》言五观"假国无正，用胥与作乱，遂凶厥国"也。又《竹书纪年》言太康居斟鄩，而段玉裁释《五子之歌》谓灌亦作勘戈，戈、歌同音，《五子之歌》犹言五子往斟灌。盖斟灌与斟鄩密迩，（皆在今寿光县。）五观起兵伐斟灌，以逼斟鄩之都城，致太康避兵他适，而五观复拒洛汭以要之。《书序》言"太康失邦，昆弟五人，须于洛汭"者，即言太康失邦由于五观耳。又据《佚周书》则五观后为彭寿所征，此太康所由复国也。自伪古文兴，而此事不可复考矣。(《纪年》又言羿入居斟鄩，亦晋人所增之语也。)

稷契非帝喾子

《史记》诸书，皆以稷、契为帝喾子，恐不足信。《诗·玄鸟》言："天命玄鸟，降而生商。"即《吕览》有娀氏女抟燕卵之说。《诗·生民》言："履帝武敏歆。"即《郑笺》姜嫄履大人迹之说。盖上古人民知有母不知有父，故一则托言吞燕卵而生，一则托言履人迹而生也。至于汤祖帝喾，而文、武亦祖帝喾者，由于得天下后之饰词，犹之汉高祖自称尧后也，如以稷、契为帝喾子，何以《史记》只言帝喾娶陈锋氏、娵訾氏，而不言其娶有娀氏及姜嫄哉？如以帝喾为稷、契之父，何以殷周二代行禘天之礼，以天为始祖所自出，而托为无父而生之说哉？

夙沙即肃慎

《淮南子》言神农伐夙沙国，《佚周书》作"质沙"，其地在齐、鲁之间。盖"夙沙"即"肃慎"之转音，乃通古斯族所立之国也，初处今山东地，及为神农所攻，遂退居满洲，即《周书序》所谓"肃慎来贺"也。

秦汉说经书种类不同

秦汉说经之书，种类不同。有传，有记，有说，有故，有章句，有音，有微。传也者，以事实为主，杂引群书以补经文之缺，其源出于《左氏》。传记也者，以典制为主，汇萃古籍，凡其义与经文互相发明者，则分类编辑，以与经文相辅，其源出于《礼记》。（古有《三正记》《别名记》《亲属记》《名堂记》《曾子记》《五帝记》《王霸记》《瑞命记》《孔子三朝记》《月令记》。）说也者，就经文之义申明之，其源出于《墨子》之《经说》。故也者，就经文之字解释之，其源出于《尔雅》之《释诂》。章句者，区分章节、辨析句读之书也。音也者，厘正音读之书也。微也者，发挥奥义之书也。其体各有不同。《易》有《周氏传》《韩氏传》，《书》有伏生《大传》，（郑康成称其特选大义以经属指，名之曰传。）《诗》有《鲁诗传》、辕固《齐诗传》、韩生《韩诗传》、齐《诗内传》，（《翼奉传》注引。）《韩诗内传》（《文选》注引。）《外传》，而《汉志》称其取《春秋》，采杂说。《礼》有《周官传》四篇。而《诗正义》称汉初为传者皆与经别行，盖犹《春秋》之有三传。《孝经》之有魏文侯传耳。此一体也。《书》有刘向、许商《五行传记》，盖以事实为主。（别为一书与《洪范》相辅。）《礼》有后氏《曲台记》，（汇他书以辅礼经。）《乐》有河间献王《乐记》，（汇他书以辅乐经。）《春秋》有《公羊颜氏记》，（杂引他书以辅《公羊》，盖犹《考工记》之辅《周官》耳。）此又一体也。《易》有丁宽《易说》，《汉书》谓其言训诂，仅举大谊，此为说体之正宗。《诗》有鲁说，《礼》有《中庸》说，《论语》有鲁安昌侯说，《孝经》有《孝经说》，其体盖与《易说》同。此又一派也。《诗》有《鲁故》《韩故》、齐《后氏故》《孙氏故》，均与《鲁传》《齐传》《韩传》画分。《论语》有《论语古》二十一篇，（古，即诂也。伪《家语》不明此义，遂言孔安国为古文《论语训》二十一篇矣。）《书》有大、小《夏侯解故》，盖考求字诂，专宗雅训。贾谊为《左氏传训》，故《鲁诗》复有《鲁训》。（《后汉书》注引。）训与故同。若毛公《毛诗故训传》，则合故与传为一书，故以训诂为主，复兼引事实。（如《巷伯传》是也。）此又一派也。《易》有京房章句，在《易传》《易占》之外。《书》有伏生章句，有《大传》之外，（郑康成、伏生《大传序》。）有大小夏侯章句，在解诂之外。《论语》有张禹章句，在《论语说》之外。是则章句者，乃传、记、说、故以外，别为一类者也。盖以剌论经旨，疏通章句为主，此别一派也。若夫孔安国《尚书音》、(见《经典释文序录》。)毛公《诗音》(见《经典释文》。)皆与传注别行，而与传注相辅。后儒音义、音训诸书，则合音与故为一书，与西汉说经之书不同。《春秋铎氏微》《虞氏微》，其书在秦汉之前，盖与韩非《解老》《喻老》之书相近，就经籍之微意，萃为一书。秦汉以下，此体鲜存，惟董子《春秋繁露》近之。此二类者皆说经者之别体也。若夫胡母生《公羊条例》、京房《周易占》，则另为一体。盖秦汉之间，凡说经能自成一家言者，则称为某氏学，然说经之书，各体迥殊，后人概以经注目之，失其旨矣。

汉人之称所自来

今世称中国人为汉人，习故言也，自古已然。《隋书·西突厥传》："崔君肃曰：'……吐谷浑亦因憾汉故，职贡不修。'""汉"，即隋也。《新唐书·郭震传》："国家往不与吐蕃十姓、四镇而不扰边者，……顾天时人事两不谐契，所以屈志于汉，非实忘十姓、四镇也。"又《张说传》：禄山入朝，以破奚契丹功求平章事。国忠曰："禄山有军功，然而不识字，与之恐四夷轻汉。""汉"即唐也。宋元以来，皆袭此称，从所习也。

用水火必时

《礼运》："用水火金木，饮食，必时。"郑注："用水，谓渔人以时渔，为梁，春献鳖蜃，秋献龟鱼也。"案：春秋之献，仅指饮食，必时而言，不得指为用水之证。今考《管子·禁藏篇》："当春三月，萩室熯造，钻燧易火，杼井易水，所以去兹毒也。"《轻重己篇》："冬尽而春始，……教民樵室钻燧，墐灶泄井，所以寿民也。"案：萩室，即樵室，谓缮屋。造，即灶字，见《周礼·大祝》注。"熯"，乃"墐"形近之讹。钻燧、墐灶，皆谓易火杼井，即淘井，谓易水也。古人易时则改水，故东坡诗云："石泉槐火一时新。"据时俗，以清明日淘井，则宋时犹有行之者。改水、改火，故云用水火必时。郑注解用火不误，而解用水，则以渔人入泽梁当之，非也。

旝当作橵

《春秋传》："旝动而鼓。"贾君注云："旝为发石，一曰飞石。"《说文》亦云："旝，建大木，迁石其上，发机以追敌。从㫃，会声。"又引《春秋传》此文及《诗》"其旝如林"为证。案：《范蠡兵法》云："飞石，重二十斤，为机，发行三百步。"则桧为飞石明矣。惟其字从㫃，故杜注训为通帛之旃，不知古字本作桧。《大唐类要·武功部》载魏武帝令引《春秋》"桧动而鼓"，则桧字本从木，象建大木置石之形，其从㫃者，异文也。然桧字亦为借字，桧当作"橵"，机橵之义也。故《释文》云："桧音古外反。"后世误橵为桧，又误桧为旝，《说文》亦不能改正其文，惟存古义于其下，则知古书之误字多矣。

《黄帝内经素问校义》书后

　　《黄帝内经素问校义》一卷，绩溪胡氏澍著。训"时"为"善"，易"抟"为"专"，以及至人、名木二条均穷探声音训故之原，而立言曲当。惟原书"不妄作劳"，胡氏据全氏注本易为"不妄不作"，引征《四失论》"妄言作名"以为"妄作"对文之证，其说均确。又谓"作"与"诈"同，则其说不然。"作"即创始之义。不作者，即老子"不敢居天下先"之义。若改"作"为"诈"，岂"妄言作名"亦可称"妄言诈名"乎？又原书"若有私意，若已有得"，胡氏谓当作"若私有意"，犹言私有所念。"巳"与"私"同，犹言私有所得。案："若有私意，与《诗》之"如有隐忧"同例。"意"与"臆"同，犹后世所谓"窃念""默测"也。若"巳"字，当从赵氏之谦之说，训为"已然之己，亦不必训为人己之己也。又原书"阴阳者，万物之能始也"。胡氏以《天元纪·大论》之文为例，易为"金木者，生成之终始也"。案，"能、始"二字，义亦可通。古代"能"

与"台"通，如"三能"亦作"三台"是也。（《汉书·天文志》云：魁下六星，两两相比者为三能。而《文选》庐谌诗云："三台摘朗宇。"是"台"与"能"同。）故《礼记·乐记正义》云：古以今"能"字为"三台"之字。疑此文"能"字亦系"台"字之借文。"胎"从"台"声，《尔雅》训"胎"为"始"，则"台"亦兼有始义矣。"能始"二字，叠词同义，与上文"征兆"同例，不必如胡氏之说也。若夫"虚无之守"，胡氏易"守"为"宇"。案"守"字从"宀"，居位曰"守"，则"守"字引申亦有居义，不必易字而后通。以上数则，均胡氏之千虑一失者也。然皇古医经以《内经》为最古，而《内经》一书多偶文韵语，惟明于古音古训，厘正音读，斯奥文疑义，涣然冰释。胡氏之书虽稍短促，然后之君子如有为医经作疏者，必将有取于斯书。则胡氏疏理古籍之功亦曷可少哉！

《易·系辞》多有所本

汉儒列《易·系辞》列"十翼"之中，以为孔子所作。汉儒称为《易大传》，前儒久有定论。惟《系辞》之文虽成于孔子，而其说均有所承。周人说《易》之绪言，赖此以传。《说苑·君道篇》引泄冶之言曰："《易》曰：'夫君子居其室，出其言，善，则千里之外应之，况其迩者乎？居其室，出其言，不善，则千里之外违之，况其迩者乎？言出乎身，加乎民，行发乎迩，见乎远。言行，君子之枢机。枢机之发，荣辱之祖也。言行君子之所以动天地，可不慎乎！'天地动而万物变化。"案：泄冶所引之《易》，惟末句为今《易》所无，余皆载于《系辞》上篇。王伯厚《困学纪闻》谓泄冶在夫子前而引《易大传》文，疑《说苑》所记为非，不知孔子《十翼》之文多有所承。如《乾文言》释元、亨、利、贞，与穆姜所言悉符。穆姜所言，盖系《易》学相传之谊，孔子作《文言》取之。则《系辞》之中亦多旧谊。"君子居室"数言，必系周代说《易》者所传。

故泄冶引其文,孔子采其说,不得以《说苑》为诬也。昔惠氏定宇谓《论语》多述前言,以证"述而不作"之义,今观泄冶所引,则惠氏之说益信矣。

古代医学与宗教相杂

古代巫官，咸兼医职。《说文》云："医，治疾工也……古者巫彭初作医。"工，字即巫字之讹。医出于巫，此其证矣。案：医（醫）字从酉，酉系酒字之省形。古代之时，以巫为酋，即以巫为医。酋也者，巫之作酒者也。医也者，巫之以酒疗人疾者也。故《周礼》酒官系于医官之后，此即医（醫）字从酉之微意也。又《世本》云："巫咸，尧臣也，以鸿术为帝尧之医。"王充《论衡》云："巫咸能以祝延人之疾。"《山海经·海内西经》云："开明东有巫彭、巫抵、巫阳、巫履、巫凡、巫相。"郭璞注："皆神医也。"足证上古之医，均援引神术以治民疾。又《大荒西经》："大荒之中……有灵山，巫咸、巫即、巫盼、巫彭、巫姑、巫真、巫礼、巫抵、巫谢、巫罗十巫从此升降，百药爰在。"郭注："群巫上下此山采之也。"《周书大聚解》云："武王既胜殷，乡立巫医，具百药，以备疾灾。"是以药治疾亦始于巫。又《淮南子·说山训》："病者寝席，医之用针、石，巫之用糈、藉，所救钧也。"高注："医师在女曰巫，在男曰觋。"石、针、糈、藉，皆所以疗病求福祚，故曰救钧。此亦巫、觋属于医官之证也。惟巫、医二职，古为兼官，故中国之医学多与宗教相参。《汉书·艺文志》别医药之学为二，列于杂技门，此指医学既精以后之学术言也。若皇古之医学，其与宗教相参者，则儒道二家之书，均杂淆其语。五行者，古代之宗教也，故医经多言五行。而汉儒之言五行也，且以之援饰医学。郑康成《周礼·疡医》注云："以类相养也。酸，木味，木根立地中似骨。辛，金味，金之缠合异物似筋。咸，水味，水之流行地中似脉。苦，火味，火出入无形似气。甘，土味，土含载四者似肉……凡诸滑物，通利往来似窍。"此儒生以五行附会医术之证也。又《五经异义》云：《今文尚书》欧阳说：肝，木也；心，火也；脾，土也；肺，金也；肾，水也。《古尚书》说：脾，木也；肺，火也；心，土也；肝，金也；肾，水也。许意与《古尚书》同。郑驳之云："今医病之法，以肝为木，心为火，脾为土，肺为金，肾为水，则有瘳也；若反其说，不死为剧。"是治经之士，以五行配合医术，说各不同。盖《灵枢》《素问》，均言五行，儒生以其与《洪范》《月令》相似也，遂更以儒生所传五行附合医经，更以医经之言入之儒书之注，此古医学赖经生而传者也。

《助字辨略》正误

刘淇《助字辨略》精确虽稍逊《经传释词》，然博引之功不可没也。惟讹误甚多，试录之如下：

《论语》"未之能行"，"之"承上文所闻之事言，"之"为指物词，刘氏以为语助词，非也。又"而谋动干戈于邦内"，"而"即"如"字，刘氏以此"而"为转语，犹云"而乃"，非也。《汉书·扬雄传》"譬若江湖之雀，勃解之鸟，乘雁集不为之多，双凫飞不为之少""不为之多"，不因是而多也；"不为之少"，不因是而少也。刘氏以"不为之"，犹云"不以为"，非也。《左传》"难不慎也"，刘引顾氏《补正》云："言不可不慎也。"案："难"，即古"然"字之未改者。"难不慎"，即系"然不慎"。此言忠不罪及其子，虽属可疑，然亦由于不慎也。刘引顾说非是。《左传·隐公元年》"尔有母，繄我独无"，刘氏以"繄"为发语词。案："繄"当训"何"，犹言"何我独吾也"。《孟子》"奚而不知也"，刘

— 158 —

氏谓犹言"奚为而不知"。案：孟子即以"而"代"为"，"奚而不知"，即"奚为不知也"。《左传·昭七年》"曰君以夫公孙段为能任其事"，"夫"即"彼"字，与《论语》"夫人不言"之"夫"同，而刘氏则以为语助词。《论语》"亡之命矣夫"，旧注训"亡"为"死"。"亡之命矣夫"，犹言"亡乎""亡欤"也。而刘氏读"亡"为"无"，谓系"无之而非命"，而省文立说，均曲。《孟子》"舍皆取诸其宫中而用之"，"舍"即今语所谓"什么"，犹云"何为"也。刘氏从赵注以"舍"为止辞，非也。《论语》"汝得人焉尔乎"，"尔"即"否"字之义，犹云"汝得人否"也。刘氏从《朱子语类》说，以焉、尔、乎为语助词，非也。《史记·大宛传》"盖乃北海云"，"盖乃"犹云"疑"，即与《昭明文选序》"盖乃事美一时"之"盖乃"不同。刘氏援彼例以"盖乃"为发语词，非也。韩愈《伯夷颂》"一凡人誉之则自以为有余，一凡人沮之则自以为不足"，"凡人"犹言"庸"。刘以"一凡"为"大率"，与"大凡"同，失之。《三国志·蜀·后主传》"遂与京畿，攸隔万里"，"攸"即"悠"字，"攸隔"犹云"远隔"。刘以"攸"为语助，失之。《书·盘庚》"乃祖乃父"，"乃"字明系"汝"字，刘氏以为语助，非也。《荀子·性恶篇》"且顺情性好利而欲得，若是，则兄弟相拂夺矣。且化礼义之文理，若是，则化乎国人乎"，"且"与"或"同。刘氏以为将词，未足尽其义也。《公羊·宣六年传》"勇士入其大门，则无人门焉者，入其闺，则无人闺焉者"，"焉"

训为"于","于"有"在"义,言无人在门、无人在闺也。刘氏以"焉"为语气词,亦未足尽其义也。《礼·祭统》"天子诸侯,非莫耕也;王后夫人,非莫蚕也",此言非无耕为之耕,非无人为之织也。盖言既有人为之耕织而犹欲躬亲,所以见祭祀之诚。乃刘氏释之曰:"此言天子诸侯,非以藉田之故不亲耕,王后夫人,非以祭服之故不亲蚕。"以"非""莫"为省文,立说似疏。自是以外,若以"见"字为人加于词,其说虽似,惟"见"字之用与"为"字"被"字同则未之明,言语亦欠晰。又如以《左传》数年为倒,亦非确诂,惟驳之者众,兹不赘。

《史记》用古文《尚书》考略

《史记》述《尚书》，均古文说，金坛段氏恒指为今文，非也。近拟作《史公古文尚书义发微》，属草未成，先录心得之说数则，以见其概略。

《五帝本纪》"其仁如天"四语，即系释"钦明文思安安"。郑君以"虑深通敏"释"思"字，即系其智如神义。今文"思在塞"，郑注《尚书考灵曜》以"道德纯备"训"塞"，马注《尚书》同此，用今文说也。郑注《尚书》变用迁说。（"富而不骄"二语，即系释"允恭克让""黄收纯衣彤车乘白马"，疑释"光被四表"文。盖古文说以四色为四表，光为光华之义。以黄、纯、彤、白象四方之色，谓之四表，惜无旁说可徵。若郑虽从古文作光，然以为"光耀四海"，已稍失迁说之真。）《夏本纪》"能明驯德"，"驯"为"骏"古字。"骏""峻"古通，《大学》作峻。史公之意盖与《大学》"自明其德"训合。郑本作"俊"以"俊徒"为贤才，兼人之称，与注《大学》异。（《大学》注："峻，大也。"）盖以"明俊德"为明扬贤才，（系疏说。）非古文说也。如《尧典》"钦明文塞晏晏"，为今文本，古文作"文思安安"。郑氏注《尚书考灵曜》曰："道德纯备谓之塞。"而马注《尚书》亦曰："道德纯备谓之思。"此以今文"塞"字之义，释古文"安"字者也。郑注云："虑深通敏谓之思。"与注文"塞"异，或用古文之说。《五帝本纪》"便章百姓"，盖古文作"平"，（《说文》。）《史记》代以"便"，今文代以"辨"。（《大传》及《后汉书·刘恺传》均作辨。）"便""辨"义同。"便程东作"，盖古文作"𥛔"，（《说文》。）《史记》代以"程"，今文（《大传》）代以"辨"，"程""辨"义同。"居郁夷"，"居"字古文作"宅"。（《说文》引。）《史记》代以"居"，古文别作或、作度，（《周礼》注引度西曰昧谷。）度、居、宅义同。"郁夷"古文作"堣夷"，（《说文》。）今文作《嵎铁》，（《正义》引夏侯等本。又《说文》别作嵎鉄，亦今文。）《史记》代以"郁夷"。"郁""禺"声。"曰汤谷"，（今本《史记》作旸谷。）"汤"字古文作"旸"，（《说文》。）今文作"崵"，（《说文》别引，段以为今文。）《史记》代以"汤"。"汤""旸""崵"，所从声同。"宅昧谷"，或本作"柳"，（徐广说。）古文作"榴"，（《周礼注》。）今文代以"柳"，（《大传》。）郑注改为"昧"，"榴""柳""昧"声近，（段以《史记》作昧，浅人所改，司马迁未见古文，安知易卯为昧。非也。)故可通用也。《尧典》,寅宾出日,郑以春分朝日作生释之,而《五帝本纪》作"敬道出日",迁以"敬道"释"寅宾",为古文说。郑注盖兼今文说。

《礼经》公士大夫

　　《礼经·丧服》斩衰章："公士大夫之众臣，为其君布带绳屦。《传》曰："公卿、大夫、室老、士、贵臣，其余皆众臣也。君，谓有地者也。"郑注释《经》云："士，卿士也。公卿大夫厌于天子诸侯，故降其众臣布带绳屦，贵臣得伸，不夺其正。"又释《传》云："室老，家相也。士，邑宰也。"如注说，盖以《经》文公士之士，即卿士省称；公士大夫，即《传》公卿大夫。《传》文之士，则与室老并文，别为邑宰，与《经》公士之士别。然汉代礼说均不与同。《白虎通义·封公侯篇》云："天子太子食采者，储君，嗣主也，当有土以尊之也。太子食百里，与诸侯封同。故《礼》曰'公士大夫子子也'，无爵而在大夫上，故知百里也。"据彼说，知《礼经》公、士并文。旧说以公为三公，士为王世子。（《通义》"子子也"三字，当作"士天子"，太子也。）必知"士"即太子者，以《士冠》记云："天子之元子，犹士也。"《戴记·郊特牲》同。（《通义·爵篇》云："王者太子亦称士何？举从下升，以为人无生得贵者，莫不由士起。是以舜时称为天子，必先试以士。《礼·士冠经》曰：天子之元子，士也。"即其谊。）故据以为说。其太子食采之制，即据《礼传》"君谓有地"而推。又按，《公羊·僖五年》会王世子传："世子，犹世世子也。"何氏《解诂》云："自王者言之，以屈远世子在三公下。"《礼·丧服》斩衰曰"公士大夫之众臣"是也。说与《通义》相同。知东汉礼家，均宗斯说，（《公羊疏》释何注云："何氏引《丧服》者，欲言三公臣有为之斩衰，世子则无，是卑于三公之义。其说至误。近陈立《义疏》亦未达何说。）不与郑注相同。若然经云公士大夫者，举大夫以见卿。《传》云"公卿、大夫、室老、士、贵臣；其余皆众臣"者，谓公卿大夫所属舍室老外，均为众臣。太子舍贵臣外，均为众臣也。传文士字亦与公卿大夫并文，与经相应，非与室老并文也。经传故谊，资是以明。

丧服之例，由天子以及庶人，皆指其称位，于士独否，其有言士为者，惟"缌麻三月"章云："士为庶母，贵臣，贵妾，乳母。"又"齐衰不杖期章"云："公妾以及士妾为其祖母。"据《通典》引马注云："公谓诸侯也，共间有卿大夫妾，故言以及士妾也。"如彼说，则士妾之士，乃三等之士。然以公士大夫条古谊证之，或此上二文所云之士，均谓太子。谓大夫以上无缌服，世子虽贵，仍从士礼，得为庶母、贵臣、贵妾服缌。故贵臣之文，正与上传士贵臣相应。（案：马郑各注，以贵臣以下与上别为一经。故《通典》

引马注云:"君为贵臣贵妾服也。"郑注亦云此谓公士大夫之君。)公妾、士妾,经亦并文也。惟书缺有间,存以志疑。

孔子生卒年月

孔子生日，据《公羊》《谷梁》所书，均云襄二十一年十月庚子。（今《公羊》注疏本石经本，均作十有一月庚子孔子生。据陆氏《释文》云：传文上有十月庚辰，此亦十月也。一本作十有一月庚子，又本无此句。是《释文》所据，《公羊》与《谷梁》同，无十有一月四字。）又据《左传疏》引贾、服说，均云襄二十一年孔子生，是左氏先师推说孔子生年与《公》《谷》同，所传月日亦当弗异。惟左氏家所推月日均据"三统术"。今即"三统术"考之：

《襄二十一年》："九月庚戌朔，日有食之。"《汉书·五行志》引刘歆说"以为七月，秦晋分"。又："冬，十月庚辰朔，日有食之。"《汉志》引刘歆说"以为八月，秦周分"。知是年时历失闰者再。时历所谓十月庚子者，于"三统"为八月二十一日，亦即"夏正"六月二十一日也。

《左氏·哀公十六年》经书"夏四月己丑孔丘卒"。据十四年经"五月庚申朔，日有食之"，《汉志》引刘歆说"以为三月，（今本下衍'二日'两字。）齐卫分"。知是年时历亦再失闰，递推至十六年四月。知经书"四月己丑",于"三统"为丑月十一日,亦即"夏正"哀十五年十二月十一日也。据《左疏》所引贾、服说,以孔子生于襄公二十一年,又以孟僖子卒,孔子时年三十五又谓孔子年七十三。《家语》卒记解亦云七十三岁。夫哀公十六年,上距襄公二十一年,实七十四算。贾、服顾云七十三者,左氏先师均据"三统历"。知续经所书"四月己丑",于"夏正"应属十五年,故减年立算。说者以贾说为自歧,亦由未考"三统历"耳。

《史记》以孔子之生当襄公二十二年,杜注据之,以与贾、服立异。金孔元楷《祖庭广记》引《世本》,亦云:"襄二十二年十月庚子孔子生。"(唐人各疏未引此文,宋金之际《世本》已亡,孔氏所引是否原书佚文,殊无确证。)如其说,于周历、古四分历,均为酉月二十八日。(见成蓉镜《经学骈枝》。)黄帝历同。(见孔广牧《先圣生卒年月日考》。)夏历、颛顼历则为酉月二十七日。(夏历襄公二十二年距入戊午蔀六十九年,计朔小余七百六十七,朔大余四十九,命起蔀名算,外得丁未为入正朔。由是递推,酉月朔小余五百,大余十六,得甲戌为朔日,庚子为二十七日。颛顼历襄公二十二年,距入丁巳蔀四十三年,朔小余八百二十九,朔大余二十,命起蔀名算,外余丁丑为入正朔。由是遂推,闰在五月后,计酉月朔小余五百二十一,朔大余一十七,得甲戌为朔日,庚子为二十七日。)殷历、鲁历亦同。(殷历襄公二十二年距入辛卯蔀三十八年,是年酉月,朔小余四百二十五,朔大余四十三,命起蔀名算，外得甲戌为朔日，庚子为二十七日。鲁历距入戊子蔀七十四年，是年酉月，朔小余四百七十六，朔大余四十六，命起蔀名算，外得甲戌为朔日，庚子为二十七日。）其余"三统"亦为未月二十七日。（案襄公十一年十月，日食。《汉志》引刘歆以为八月。又二十三年二月日食，《汉志》引刘歆说亦云前年十二月，是数年之间时历均再失闰。时历襄二十二年酉月，于"三统"为未月。是年"三统历"距入甲申统一千九十二年，子月，朔大余二十三，朔小余六十九，递推至于未月计，朔小余四十六，朔大余五十，命起甲申算，外得甲戌为朔日，庚子为二十七日。）

至于孔子卒日，舍"三统"当为丑月十一日外，于黄帝历、周历、古四分历当为卯月十二日，（见孔广牧《先圣生卒年月日考》。）殷历则为十一日，（见成蓉镜《经学骈枝》。）鲁历、夏历、颛顼历并同。（鲁历哀公十六年距入丁卯蔀七十年，朔小余一百七十五，朔大余四十四，得辛亥为天正朔日。由是递推，得己卯为卯月朔日，己丑为十一日。夏历哀公十六年，距入丁酉蔀六十五年，朔小余二百五十七，朔大余十三，得庚戌为人正朔日，己卯为卯月朔日，己丑为十一日。颛顼历哀公十六年距入丙申蔀三十九年，朔小余八百一十八，朔大余一十三得己酉为人正朔日，己卯为卯月朔日，己丑为十一日。）盖颛顼历及夏历章、蔀纪首咸在立春，当从人正起算也。

《诗毛传》偶与《国语》异说

《左氏》《国语》于所引各诗义多诠释，《毛传》训诂必与相符。惟《小雅·节南山》篇"弗躬弗亲，庶民弗信"，《楚语》载白公子张谏灵王云："周诗有之曰：'弗躬弗亲，庶民弗信。'臣惧民之不信君也，故不敢不言。"（韦注云："言为政不躬亲之，则庶民不信也。"）如彼说，是庶民弗信，义谓民不信上也。乃《毛传》则云："庶民之言，不可信。"似庶民弗信，义与勿信庶民同，与《楚语》所诠迥异。陈奂《传疏》讹"言不可信"四字连读，今君子不能躬率庶民，则庶民于上之言不肯信从，强以《楚语》之文附合《毛传》，似于传义不相合也。

"既生霸""既死霸"

《汉书·律历志》引刘歆《世经》云:"《周书·武成篇》:'惟一月壬辰,旁死霸若翌日癸巳,(今《周书·世俘》误作"惟一月丙辰,旁生魄,若翼日丁巳。")武王乃朝步自周,于征伐纣。'《序》曰:'一月戊午,师度于孟津。'至庚申,二月朔日也。四日癸亥,至牧野,夜陈,甲子昧爽而合矣。故《外传》曰:'王以二月癸亥夜陈。'《武成篇》曰:'粤若来三月,既死霸,粤五日甲子,(今《世俘篇》同。)咸刘商王纣。''是岁也,闰数余十八,正大寒中,在周二月,己丑晦。明日闰月庚寅朔。三月二日庚申惊蛰。四月己丑朔死霸。死霸,朔也。生霸,望也。是月甲辰望,乙巳,旁之。故《武成》曰:'惟四月既旁生霸,粤六日庚戌,武王燎于周庙。翌日辛亥,祀于天位。粤五日乙卯,乃以庶国祀馘于周庙。'"(今《世俘》篇并同。)据刘说,知经传所云"死霸",均谓朔日,后朔一日,则曰"旁死霸"。经传所云"生霸",均谓望日,后望一日，则曰"旁生霸"。顾《武成》于四月必云"既旁生霸"，于一月仅云"旁死霸"，不云"既旁死霸"。于二月复云"既死霸"者，盖生霸云"既"，所以表望日之迟，死霸云"既"所以表合朔之迟。故望在月之十六日者谓之"既生霸"，故望后一日亦曰"既旁生霸"。又朔日上承小月者谓之"既死霸"，则朔后一日亦当曰"既旁死霸"。若承大月，则死霸不云"既"。故朔后一日仅云"旁死霸"，不云"既旁死霸"。盖朔承大月小月虽同在月之一日，而合朔则有迟早之分。承大月者合朔早，承小月者合朔迟。故文增"既"字，以示别异。至月之望日，或值十五，或值十六，亦有迟早之殊，故于望值十六者亦增"既"字。知者武王伐纣之年入甲申统五百二十一年一月，朔日为辛卯，二日壬辰，上承大月，二月朔日为庚申，上承小月，故一月二日仅云"旁死霸"，二月一日必云"既死霸"。又是年四月，朔小余三十九，朔大余五，得己丑为朔日，加一望策计，小余二十，大余二十，得十六甲辰为望日，故望后一日不云"旁生霸"，必云"既旁生霸"也。

《周书》云"既生魄"者，舍《世俘》外，计有八事：《程典解》"惟三月既生魄"，《大开解》"惟王二月既生魄"，《大戒解》"惟正月既生魄"，《谥法解》"惟三月既生魄"，《本典解》"惟四月既生魄"，《程寤解》佚文"正月既生魄"，（《文选》注五十六引。）均有月无年；其有年月可纪者惟《柔武解》"惟王元祀一月既生魄"，似属武王元年。依"三统术推之，是年入甲申统五百一十八年，朔小余五十八，朔大余五十四，得戊寅为一月朔，加一望策计，小余三十九，大余九，得十六癸巳为望日。又《小开武解》"惟王二祀一月既生魄"，似属武王二年。是年入甲申统五百一十九年，朔小余五十，朔大余一十八，得壬寅为一月朔，加一望策计，小余三十一，大余三十三，得十六丁巳为望日。据此二证，知望在月之十六日者，经传必云"既生魄"。故望后一日必曰"既旁生魄"，文与相承，所以别望日之迟也。

又案《尚书·召诰篇》："惟二月既望，越六日乙未。"此为周公七年事。《汉志》引《世纪》云："是岁二月乙亥朔，庚辰望，后六日得乙未，故《召诰》曰：'惟二月既望，粤六日乙未。'"今以"三统术"推之，是年二月计，朔小余二十九，朔大余五十一，加一望策计，小余十，大余六，望日适当十六庚辰。此即经书"既望"之义也。盖《易·中孚》"月几望"，孟氏《易》"几"作"既"，以既望为十六日。故望在月之十六日者，经云"既望"，正与"既生魄"例同。后儒以"既望"为望后一日，非也。

"哉生霸"

《说文·月部》霸字注云:"月始生霸然也。承大月二日,承小月三日。从月,䨣声。《周书》曰:'哉生霸。'"又《尚书·康诰》:"惟三月,哉生魄。"《释文》引马注云:"魄,朏也。谓月三日始生兆朏,名曰魄。"后儒据之以为"哉生魄"之文惟属于月之二日、三日。又《汉书·律历志》引《世经》云:"成王元年正月己巳朔,此命伯禽俾侯于鲁之岁也。后三十年四月庚戌朔,十五日甲子哉生霸。故《顾命》曰:'惟四月哉生霸,王有疾,不豫。甲子,王乃洮沫水。'作《顾命》。翌日乙丑,成王崩。"后儒据之。又以"哉生魄"之文,惟属于望前一日。今案:刘、许二说实非歧牾。据子骏《世经》,以生霸为望。《法言·五百篇》曰:"月未望则载魄于西,既望则终魄于东。"哉、载古通。明未望以前均为载魄。故古籍所云"哉生魄"有确属月之二日三日者,亦有不系日名,为望前通称者。此例既明,知凡朔日上承大月者,由二日以迄望前一日,上承小月者，由三日以迄望前一日，均得谓之"哉生魄"。义与未望相同，不以望前一日为限，亦不以二日三日为限也。《书·顾命》先云"哉生魄，王有疾"，后言"甲子，王乃洮沬水"，明"哉生魄"不必仅属甲午。《世经》必云四月庚戌朔，十五日甲子"哉生霸"者，是月望日亦值十六乙丑。子骏欲明望非十五日，故云"甲子，哉生霸"。以见经文所云"哉生魄"兼该十五甲子，言非谓"哉生魄"仅属甲子日也。若云子骏释经惟以"哉生魄"为望前一日，考《汉书·王莽传》载：元始四年，群臣奏言："今安汉公起于第家，辅翼陛下，四年于兹，功德烂然。公以八月载生魄庚子奉使朝，用书临赋营筑，越若翊辛丑，诸生、庶民大和会，十万众毕集，平作二旬，大功毕成。"据彼传所云，"载生魄"即《尚书》"哉生魄"。以"三统术"推之，平帝元始四年，距入甲子统一百七年，积日一千三百二十三，闰余十八，积日三万九千六十九，朔小余二十七，大余九，得癸酉为天正朔，是年酉月上承大月，（申月朔小余四十七，朔大余五，得己巳为朔日。）计朔小余九，朔大余三十五，得己亥为朔日，庚子为二日，此即朔日上承大月以二日为"哉生魄"之明证也。此奏亦出子骏之徒。使子骏说《书》果以"哉生霸"为望前一日，何奏文于月之二日亦称"哉生魄"乎？《康诰》："惟三月哉生魄，周公初基，作新大邑于东国洛，四方民大和会。"据《古文尚书》说作洛在周公七年，具见《律历志》所引《世经》。（《大传》谓周公四年建侯卫，五年营成周，与古文说异。《大传》郑注以建侯卫即封康叔。

《书·康诰》郑注，又训"基"为"谋"，谓谋作天子之居。是时周公居摄四年。具见《礼记·明堂位》孔疏，《周礼·天官》贾疏。然与古文说所云年月悉不相合，兹不复辩。）《康诰》篇首所云与《召诰》所云同岁，马氏以为月三日者，虽据《礼记·乡饮酒义》月三日成魄为文，亦以《康诰》所云"三月，哉生魄"，即《召诰》所云"惟三月丙子朏"知者。是年二月乙亥朔，三月甲辰朔，上承小月，（《世经》云：是岁二月乙亥朔，又其三月甲辰朔。）故"哉生魄"在朔后二日。又据《世经》引古文《月采篇》三日曰朏，以证《召诰》惟三月丙午朏，证以马注，知"哉生魄"之义与"朏"相同。若朔日上承大月，则亦二日为"朏"，（《世经》又云：康王十二年六月戊辰朔，三日庚午。故《毕命·丰刑》曰：惟十有二年六月庚午朏，王命作策书丰刑。"六月"二字系"八月"之讹，是年八月，亦上承小月，故亦三日为朏也。）不必限以三日也。（又案：周公七年三月，据三统历是月望日亦在十六己未，以子骏说《顾命》"哉生魄"推之，或《康诰》"三月哉生魄"亦即三月十五日戊午，即《召诰》社于新邑之日也。书此以备一说。）

卦气

《唐书·历志》引一行《卦议》曰:"十二月卦出于《孟氏章句》,其说《易》本于气,而后以人事明之。京氏又以卦爻配期之日,坎、离、震、兑,其用事自分、至之首,皆得八十分日之七十三。颐、晋、井、大畜,皆五日十四分,余皆六日七分……自《乾象历》以降,皆因京氏。惟《天保历》依《易通统轨图》。自入十有二节、五卦、初爻,相次用事,及上爻而与中气偕终,非京氏本旨及《七略》所传。案郎𫖮所传,卦皆六日七分,不以初爻相次用事,《齐历》谬矣。又京氏减七十三分,为四正之候,其说不经,欲附会《纬》文七日来复而已。夫阳精道消,静而无迹,不过极其正数,至七而通矣。七者,阳之正也,安在益其小余,令七日而后雷动地中乎?当据孟氏,自冬至初,中孚用事,一月之策,九六、七八,是为三十。而卦以地六,候以天五,五六相乘,消息一变,十有二变而岁复初。坎、震、离、兑,二十四气,次主一爻,其初则二至、二分也。"(以上一行说。)据彼说"知卦气古有三说:一以坎、离、震、兑用事"皆八十分日之七十三；颐、晋、井、大畜用事，皆五日八十分日之十四，余卦则六日七分，是为京氏易说。一以坎、离、震、兑二十四爻，爻主一气，不后主日，其余六十卦，卦主六日八十分日之七，是为孟氏易说。其一与孟氏说同，惟以五卦主二节，其同位之爻相次用事，爻直五日八十分日之五八八有奇，不与孟氏相同。是即齐《天保历》所主。此三说者，京说合于《稽览图》，孟说合于是。类谋其"天保历"所引《易通统轨图》证以《稽览图》亦有斯说。此汉代卦气说异同之大略也。郑康成注通卦验所主，亦为孟说。虞翻世传孟易，所说卦气顾亦同孟异京，具见李锐《周易虞氏略例》。乃惠栋易汉学于卦气三说，亦未分疏，（如刘洪《乾象历》主京氏说，惠氏列入孟氏易说中尤误。）故即一行说申明之。

《汉书·京房传》云："其说长于灾变，分六十卦……（宋祁云："别本作六十四卦，依一行说。"当以作六十四为是。）以风雨寒温为候。"孟康注云："分卦直日之法，一爻主一日，六十四卦（四字当衍。）为三百六十日。余四卦，震、离、兑、坎，为方伯监司之官。所以用震、离、兑、坎者，是二至二分用事之日，又是四时各专主之气。各卦主时，其占法各以其日观其善恶也。"据孟说，似以一岁三百六十五日四分日之一，六十卦各主六日，计三百六十日，其五日四分日之一主以震、离、兑、坎四卦，卦直一日八十分日之二十五，与京氏本说亦不相同。

《佚书·汤诰》"维三月"

　　《汉书·律历志》引《世经》云："《三统》，上元至伐桀之岁，十四万一千四百八十岁，岁在大火房五度。故传曰：'大火，阏伯之星也。'"如彼说，成汤伐桀之年，距入甲辰统一千四百三十一年，积月一万七千六百九十八，闰余十六，积日五十二万二千六百三十七。小余一十九，大余三十七，得辛巳为天正朔。加大余二十九，小余四十三计，小余六十二，大余六，得庚戌为地正朔。由是递推，得庚辰为地正二月朔，己酉为地正三月朔。《史记·殷本纪》引《汤诰》云："维三月，王自至于东郊。"即此月也。又《伯夷列传》索隐云"孤竹君，是殷汤三月丙寅所封"，所据当亦古籍。其曰"三月丙寅"者，为三月十八日，亦与"三统历"术符。（《正义》本作"殷汤正月三日丙寅"，误。）

《左传》"六律七音"服注

（《五行大义》十五引《乐纬》云：黄至变徵，以次配之，五音备矣。黄钟下生林钟，故林钟为徵，次黄钟；林钟上生太簇，故太簇为商，次林钟；太簇下生南吕，故南吕为羽，次太簇；南吕上生姑洗，故姑洗为角，次南吕；姑洗下生应钟，故应钟为变宫，次姑洗；应钟上生蕤宾，故蕤宾为变徵，次变徵。凡七音圜相为宫。例如黄钟之钟，既备十二钟以应六吕、六律，复备黄钟为宫，太簇为商，姑洗为角，林钟为徵，南吕为羽，应钟为宫。）

《左传·昭二十年》："六律，七音。"《周礼·小胥》贾《疏》引服注云："七律为七器音。黄钟为宫，林钟为徵，太簇为商，南吕为羽，姑洗为角，应钟为变宫，蕤宾为变徵。"其曰七律为七器音，黄至变徵者，此举黄钟之钟示例。音即宫、商、角、徵、羽、变宫、变徵，律即黄钟、林钟、太簇、南吕、姑洗、应钟、蕤宾也。服氏之意，谓黄钟之钟，既备十二辰钟以应十二律，于十二辰钟外复备黄至宾七律之钟，以应七律音。《外传》曰：武王克商，岁在鹑火，月在天驷，日在析木之津，辰在斗柄，星在天鼋。鹑火及天驷七列也。南北之轨七同也。凫氏为钟以律计，自倍半。（此谓黄钟之钟倍半其律长之度，为高二尺二寸半。详凫氏疏。）一县十九钟，钟七律。十二县二百二十八钟，为八十四律。此一岁之闰数。（《魏书·乐志》亦引此注。）贾《疏》申服义云：此服以音定之，以一县十九钟，十二钟当一月，十二月十二辰，辰加七律之钟，则十九钟。一月有七律，当一月之小余，十二月八十四小余。故云一岁之闰。今以历术证之，此为一岁闰余之数，非一月小余之数也。贾说非是。寻服注之义，本于《周语》。《周语》本文，首论十二律，次论七律。服氏之义，盖以一县之钟既备十二律，复备七律，为数十九。其曰一县十九钟，钟七律者，谓一县之内，七律之钟悉备，既有十二钟以应十二律，复有七钟以应七律，合为一十有九，非谓每钟七律也。其曰十二县二百二十八钟者，谓以十二乘十九，其数二百二十八也。其曰为八十四律者，谓以十二乘七，其数八十四也。其曰此一岁钟必十二县者，六律六吕之数也。县必十九钟者，盖十二县之钟，均备十二律之钟各一，其黄钟之县，复备黄钟七律，蕤宾（变徵。）之钟、大吕之钟，亦备十二钟以应六律、六吕，复备大吕、（为宫。）夷则、（为徵。）夹钟、（为商。）无射、（为羽。）中吕、（为角。）黄钟、（为变宫。）林钟，（为变徵。）七钟闰数者，诠明律以七计之故。七为一岁闰分之数，（依"三统历"各术均一岁闰分七。）与十二律应一岁，月数同。（十二律与一岁月数应即《汉书·律历志》所谓黄钟始于子，在十一月；大吕位于丑，在十二月；大族位于寅，在正月；夹钟位于卯，在二月；姑洗位于辰，在三月；中吕位于巳，在四月。）历合十二月七闰分而成岁钟数象之故，亦十九钟成一县，此服氏立说之大义也。

七音表

七音 钟名	宫	徵	商	羽	角	变宫	变徵
黄钟钟	黄钟	林钟	太簇	南吕	姑洗	应钟	蕤宾
大吕钟	大吕	夷则	夹钟	无射	中吕	黄钟	林钟
太簇钟	太簇	南吕	姑洗	应钟	蕤宾	大吕	夷则
夹钟钟	夹钟	无射	中吕	黄钟	林钟	太簇	南吕
姑洗钟	姑洗	应钟	蕤宾	大吕	夷则	夹钟	无射
中吕钟	中吕	黄钟	林钟	太簇	南吕	姑洗	应钟
蕤宾钟	蕤宾	大吕	夷则	夹钟	无射	中吕	黄钟
林钟钟	林钟	太簇	南吕	姑洗	应钟	蕤宾	大吕
夷则钟	夷则	夹钟	无射	中吕	黄钟	林钟	太簇
南吕钟	南吕	姑洗	应钟	蕤宾	大吕	夷则	夹钟
无射钟	无射	中吕	黄钟	林钟	太簇	南吕	姑洗
应钟钟	应钟	蕤宾	大吕	夷则	夹钟	无射	中吕

五德相胜

《史记·封禅书》云:"秦始皇既并天下而帝,或曰:'黄帝得土德,黄龙地螾见。夏得木德,青龙止于郊,草木畅茂。殷得金德,银自山溢。周得火德,有赤乌之瑞。今秦变周,水德之时。昔秦文公出猎,获黑龙。'"《文选·齐安陆昭王碑》注引邹子云:"五德从所不胜,虞土,夏木,殷金,周火。"五德序次,二说实符。是黄帝与舜同土德也。若然,则虞舜以前,轩辕以降,非历四帝,德次弗周。顾考《大戴·帝系姓》《五帝德》《史记·五帝本纪》,均以黄帝、颛顼、帝喾、尧、舜相次。五经家言亦云颛顼代黄帝。使如或说,则是帝三而德四也。若云少昊代黄帝,则歆、向以前,未铨此说。若云应列共工,则共工霸于羲农间,弗当列入黄帝后也。史文盖阙,考信靡由,惜夫!

"郑伯南也"先后郑异说

《国语·周语》:"郑伯,南也。"韦解引郑司农云:"南,谓子男;郑,今之新郑。新郑之于王城在畿内,畿内之诸侯虽爵于侯伯,周之旧法皆食子男之地。"近儒据为先郑说。今考《左传·昭十三年》:"郑伯,男也。"疏引郑众、服虔云:"郑伯爵在男服也。"是韦注所引非先郑说。盖韦解本作郑后司农,今本挩后字知者。《左疏》又引《郑志》云:"男谓子男也。周之旧俗,虽为侯伯,皆食子男之地。"《诗》郑《谱疏》引《郑志》答赵商云:"此郑伯男者,非男爵,乃谓畿内子男也。先郑(犹云故郑。)之于王城,为在畿内之诸侯。虽爵为侯伯,周之旧俗皆食子男之地,故云郑伯男也。"与韦解所引适符。知韦之所引即系《郑志》。韦解引后郑说例,标郑后司农,如《鲁语》"祖契"解引后郑司农云:"商人宜郊契也。""肆夏"解引郑后司农云:"九夏皆篇名。""怀和"解引郑后司农云:"和当为私。"又《吴语》"拱稽"解云:

"郑后司农以为稽，计兵名籍也。"均其昭谳。盖韦叙既有郑大司农为之训注之文，郑谓先郑，虽解文鲜引先郑说。（《国语解》谓郑、唐二君以为《常棣》穆公所作，即指先郑。）然先郑、后郑，官名既同，故于郑后之说，必标后司农为别，此解之例当亦然也。今无后字，盖传写之夺耳。

　　《鲁语》云："昔正考父校商之名颂十二篇于周太师。"韦解引郑司农云："自考父至孔子，又亡其七篇，故余五耳。"此为《毛诗郑笺》说，郑下亦挩后字。

"克己复礼"

　　《论语·颜渊篇》"克己复礼",《集解》引马融说云:"克己,约身。"《左传·昭十二年》:"仲尼曰:'古者有志,克己复礼,仁也。'"《疏》引刘炫云:"克,训胜也,己,谓身也。"又云:"使礼义胜其嗜欲。"案:诂"克"为"胜",刘说是也。《法言·问神篇》曰:"胜己之私之谓克。"刘氏之说,盖本于斯。扬增"私"字为说者,苍颉造字,"自营为厶"、言己则私见,犹之言私则己见也。两汉君臣,引克己者十余见。《汉书·师丹传》,丹上书云:"孝成皇帝深见天命……以壮年克己,立陛下为嗣。"又云:"愿陛下深思先帝所以建立陛下之意,且克己躬行,以观群下之从化。"《五行志》中之下王音对曰:"皇天数见灾异……宜谋于贤知,克己复礼,以求天意。"《王莽传》云:"欲令名誉过前人,遂克己不倦。"《后汉书·安帝纪》诏云:"夙夜克己,忧心京京。"《郑皇后纪》云:"接抚同列,常克己以下之。"《梁节王传》诏报云:

"今王深思悔过,端自克责,一日克己复礼,天下归仁。"《蔡遵传》云:"克己奉公。"《何敞传》敞上疏云:"宜当克己,以酬四海之心。"《班固传·东都赋》云:"克己复礼,以奉终始。"《文选》张衡《东京赋》云:"思仲尼之克己。"《三国志·袁绍传》注引《魏氏春秋》刘表遗袁谭曰:"若留神远图,克己复礼。"又引《汉晋春秋》审配献谭书曰:"望将军改往修来,克己复礼。"综上诸文,虽马、刘二训或克两通,然约身立嗣,语实弗词。且克己奉公与厶对词,知兼私训。是知孔言"克己",即谓抑制己私,克犹"克敌"之"克"也。其有"克责"并词者,犹云贬责。《左传》又谓楚灵王不能自克,(杜注云:胜也。)亦谓不能自抑耳。惟刘以嗜欲为说,义亦未昭。邢《疏》引刘释马,南辕北辙,于义尤歧。

武梁祠画像

济宁李一山出示所藏唐拓武梁碑，考订之如下：

黄帝图："造"字下，翁覃溪以为"共井田"三字。

舜图："耕于历山，外养三年。"山、年协韵，亦古语也。

禹图："退为肉刑。"案：荀子驳古无肉刑，有象刑。所驳为今文书说。伏《传》谓唐虞象刑，《史记》汉文帝除肉刑诏，亦谓有虞氏。（画衣冠为渺茫。）亦今文书说，盖以禹前未制肉刑也。此云退为肉刑，亦谓肉刑始禹，盖欧阳、夏侯书说也。

闵子骞图："爱有徧（遍）移。""徧（遍）"为"偏"之假字。《汉书·张良传》"得天下不能徧（遍）封"，《史记》作"偏"。彼假"偏"为"徧（遍）"，犹此假"徧（遍）"为"偏"。《三公碑》"偏雨四海"，亦以"徧（遍）"为"偏"，与此互明。

老莱图："孝莫大焉。"《隶释》"莫"作"道"，盖所据拓本，莫缺下半，故以道字释之。

《文选古字通疏证》书后

　　薛子韵先生作《文选古字通疏证》，明于古字通假之义。吾观《选》注，通假之义，厥有四端：一则正文与注本系一字而有古今体之殊，则曰某古某字，或曰某与某古今字。一则当时别本异字义或相同，则曰某或为某字，某本作某。此二端皆系于形。一则声义俱同，则曰某与某音义同。一则字之本义不同，因同一谐声，遂假其义，则曰某与某古字通。此二端皆系于声，均六书中假借通例也。盖李氏受业曹宪，当时小学未衰，于转注、假借二例，身通其蕴，且《苍》《雅》诸书，并传于世，故凡云通假，其说均确有所承，惟间有一字而通者数处，亦有仅载某某两字古通，而牵连同类数字者，非比而观之，则假借之例不著。薛氏之书，间有漏缺，本系未成之帙，然古字同声通用之例证，以此书而益明，足与王氏《广雅疏证》媲美矣。

读《全唐诗》发微

《全唐诗》一书，收辑之富，为识者所共识。然卷帙既繁，考核未精，故误收之作甚多。如姚合（八函三。）《使两浙赠罗隐》诗（首句"平日时风好涕流"。）与罗衮之作同。（十一函四。）案，合与隐不同时，王定保《唐摭言》载此诗又以为姚洎所作。衮为洎副使，或衮代洎所为，非合诗也。唐彦谦（十函五。）《赠孟德茂》诗自注云："浩然子。"案彦谦距浩然百余年，未必及见浩然之子，则此非彦谦诗矣。韩偓（十函七。）《大庆堂赠宴元珰而有诗呈吴越王》，与无名氏（十一函八。）之作同。案，偓未游吴越，则此非偓作矣。（下文又和、再和、重和同。）薛涛《十离诗》，（十一函十。）据《唐摭言》以为元微之幕客薛书记作，则此非涛诗矣。张乔以进士隐九华，而乔有《省中偶作》诗，（十函一。）以冯唐作况，则此非乔作矣。又如白居易《东城桂》第三首，（七函五。）与古乐府同，（惟首句"遥知天上桂花孤"，"遥知"作"可

— 190 —

怜"。）不得列入白诗也。欧阳彬诗有"桑柘斜阳里，儿孙落叶中"句，（十一函九。）注言"彬有子作《田父》诗"云云，则此系彬子所作，不得谓之彬诗也。又全书之中，往往一诗两见，如韩续姬（十一函十。）《赠别》诗，与韩熙载之诗（十一函四。）同。李适《安乐公主移新宅》诗，（二函二。）与宗楚客之诗（一函九。）同。杜牧《闻开江相国宋下世》诗，（八函七。）与许浑之作同。（八函八。）而书中并未注明一作某诗，（此书于二诗互见者如李峰《西河郡太原守张夫人挽歌》注云：一作李岑诗，朱彬《丹阳作》注云：一作陈存诗，此三诗则否。）此则辑者之疏也。自此以外，如裴度《凉风亭睡觉》诸诗，（五函九。）均似丁谓所为，不必定为晋公之作。又钟模《代京妓越宾答徐铉》诗，（十一函六。）张乔《杨花落》诗，（十函一。）孙光宪《采莲》诗，（十一函六。）薛涛《寄茗》诗，（十一函十。）均与他人之作重出，虽未能定其孰为误收，然考核之疏，即此可见。况唐宋名家之集，伪作实繁，如李翱《戏赠诗》，皇甫湜《出世篇》，（均六函四。）均似后人依托，惜辑者之不知明辨也。

　　《全唐诗》中多载作者自注之词，亦有以后人之注误为作者之注者。如李绅（八函一。）《欲到西陵寄王行周》诗云："西陵沙岸回流急。"注云："钱王以陵非吉语，改名西兴。"案吴越建国，远在绅殁之后，此必后人所增注也。徐铉（十一函五。）《送从兄赴临川幕》云："金柅亭边绿树繁。"注引《方舆胜览》。此书远成于铉后，此亦后人所增注也。若夫辑者注释之词亦多失考。如高宗（一函二。）之诗，有言太子纳妃、太平公主出降者。考太平公主出降在开耀元年，其时之太子乃中宗，注谓太子即弘，然弘纳裴妃系咸亨四年事，非与太平公主出降同时，则注文大非。又张昭（十一函六。）有《汉宗庙乐舞辞》，传言昭为南汉人。案，诗言"高庙明灵再启图，金根玉辂幸神都"，又言"正抚薰琴娱赤子，忽登仙驾泣苍梧"，明系五代后汉高祖之乐章，非南汉之诗，则传文是误。然唐人诗序亦有讹文。如郑嵎（九函十。）《津阳门诗序》，首句言"开成中"，又言"旅邸主翁年且艾，自言世事明皇，复为嵎道承平故实"。诗言："翁曾豪盛客不见，我自为君陈昔时。时平亲卫号羽林，我才十五为孤儿。"注引"开元以六军为亲卫"事，又言："湟中土地昔湮没，昨夜收复无疮痍。"确系宣宗时事。此翁及事明皇，年必百余，而序言"年且艾"，此必序文之讹也。若夫诗题之字，讹者尤多。或系刊本之讹，如殷文圭（十一函一。）《赵侍郎看红白牡丹因寄杨状头赞图》诗，"看"字上必有脱文。又张说《节义太子杨妃挽歌》，（二函四。）"节义"者，"节愍"之讹也。雍陶《题宝应县》，（八函六。）"宝应"者，"宝鸡"之讹也。（诗言"渭水梁山鸟卵看"，又言"闻说德宗曾到此"。）孙元晏（十一函七。）《陆统》诗，"陆统"者，"凌统"之讹也。（诗有"将军身殁有儿孤，虎子为名教读书"句。）若此之流，未易悉数。其尤甚者，如李群玉（九函三。）《送秦链师归岑公山》

诗，有"北省谏书藏旧草，南宫郎署握新兰"句，必系赠谏官迁省郎之作，与链师还山无涉。唐彦谦（十函五。）《题虔僧》诗，有"也噘眉黛托腮愁"句，与题不合。此均系诗题之有误者也。若贾岛（九函四。）《寄柳舍人宗元》诗注云："一本无'宗元'二字。"案，子厚未尝官舍人，当从一本之文。即诗人小传中亦有误字，如顾云"分修宣、懿、德三朝实录"。（十函一。）"德"系"僖"字之讹。"萧项萧田人"，（十一函三。）"萧"系"莆"字之讹。此则刊本之讹，均当亟为厘正者也。

  《全唐诗》中所载感时伤世之诗，均可与史书互证。如杨炯（一函十。）《和刘长史答十九兄》诗，言刘延嗣官润州，为徐敬业所执也。（故诗有"石城俯天阙"诸句，又有"危言数贼臣"句。）岑参（三函八。）《骊姬墓下》诗，言武惠妃之事也。（诗言"献公恣耽惑，视子如仇雠。又言"欲吊二公子，横汾无轻舟"。刺讥之言可见。）高适（三函十。）《辟阳城》诗，（诗言"何得英雄主，反令儿女欺"。又云"母仪既云失"。）祖咏（二函九。）《古意》诗，（诗云："夫差日淫放，举国求妃嫔。"又云："楚王竟何去，独自留巫山。"）李嶷（二函十。）《读前汉书外戚传》，（诗云："印绶妻封邑，轩车子拜郎。"又言："宠因宫掖里。"）均讥杨妃之宠，兼刺元宗之色荒。白居易七函六。《思子台有感》，（序言："祸胎不独在江充。"诗言："但以恩情生隙罅，何人不解作江充。"又言："但使武皇心似镜，江充不敢作江充。"）郑还古

— 193 —

（八函二。）《望思台》，（诗云："谗语能令骨肉离。"）许浑《读戾太子传》，（诗云："佞臣巫蛊已相疑，身殁湖边筑望思。"）温庭筠（九函五。）《四皓诗》，（诗云："但得戚姬甘定分，不应真有采芝翁。"）均刺文宗之废立，兼悼太子之沉冤。自此以外，则权德舆（五函八。）《读谷梁》之作，（诗云："奈何赵志父，独举晋阳兵。"又云："群臣自盟歃，君政如赘旒。"）指李怀光之事言。吴融（十函七。）《无题》之什，（诗云："沁园芜没伫秋风。"又云："粉貌早闻残洛市，箫声犹自傍秦宫。今朝陌上相非者，曾此歌钟几醉同。"）指韦保衡之事言。而戎昱（四函十。）《苦哉行》，则又伤回纥之横暴，（诗云："彼鼠侵我厨，纵狸授梁肉。鼠虽为君却，狸食自须足。"又云："膻腥逼绮罗。"）感时抚事，情见乎词。推之李华《咏史》（三函外。）王翰《飞燕篇》（同上。）均指陈宫闱之失，敷陈往事，以寄讽谏之忱。罗隐《咏史》诗，（十函四。）韩偓《有感》诗，《观斗鸡》诗，（十函七。）均历指邪臣之非。比物兴怀，以写离忧之思。汇而观之，可以考见唐代之秘史矣。其足以考证人物者，其证尤多。如岑参《送许拾遗思归江南拜亲》诗，（三函八。）许拾遗者，即杜少陵诗中所谓许八拾遗也。李渥有《秋日登越王楼献于中丞诗》，（九函三。）李渥者，即《唐摭言》所记之李渥也。此亦《全唐诗》有补于考史之征。

《樊南文集详注》书后

桐乡冯浩《樊南文集详注》于唐代史乘，征引靡遗。惟樊南《为安平公谢除兖海观察使表》注补云："《白香山诗后集·送兖州崔大夫驸马赴镇》'戚里夸为贤驸马，儒家认作好诗人。鲁侯不得辜风景；沂水年年有暮春'。"按此诗年时姓地皆可相合，则崔大夫颇疑即是崔戎。但驸马之称，本集中不一，叙及《旧书》，既无可征，《新书·公主表》亦无此下嫁之主，白公只此一绝，更无他篇取证。按，冯氏所疑非是。《旧唐书·本纪》：太和八年三月，以崔戎为兖海观察使。沈氏《新唐书·方镇表考证》云："太和八年，废沂海节度使为观察使，崔戎拜，寻卒，崔杞代。"是崔戎、崔杞均镇沂海。李集所言乃崔戎也，白集所言乃崔杞也。《新唐书·公主传》云："顺宗女东阳公主始封信安郡主，下嫁崔杞。"此杞为驸马之证。《新唐书·宰相世系表》云："崔戎，字可大，兖海观察使、安平县公；杞，驸马都尉。"此崔戎封安平之证。惟表不载杞镇沂海,则《新书》之疏。又考《世系表》,崔姓世系,则杞、戎同出博陵,杞系二房,戎系大房,皆为崔懿之后。以行辈推之,戎于杞为族曾孙,特出镇沂海。则戎先而杞后。惜乎冯氏未谙也。

宋于庭《朴学斋文录》书后

宋氏于庭作《拟太常博士答刘歆书》谓："《尚书》二十八篇，帝王之事已备。孔子虽为百篇之序，或虚存其目，或并合其文，条列明白，子夏之言《书》有七观，莫逾于此。近闻多得十六篇，亦微文碎辞而已。"案，西汉博士以《尚书》二十八篇为备，宋氏知其说不可通，故创为斯说。今考"念兹，在兹"二言，为《虞书》佚语，孔子两引其文；（《左传》襄十三年及哀六年。）"惟彼陶唐"一节，为《夏书》佚文，孔子亟称其语。（《左传·哀六年》。）又尧、舜"执中"之训，商王告天之词，均以佚书载《论语》。推之荀引《禹谟》，孟引《泰誓》，则二十八篇之外，多为儒家所取，不得以帝王之事具备于二十八篇中也。宋氏又谓："孔子序《书》，以存百篇之号，录二十八篇以明删书之旨。"（《与王伯申学士书》。）此言尤谬。伏生所传，本系百篇，《史记·儒林传》言："伏生求其书，亡数十篇，独得二十九篇。"《法言》亦曰："若《书》之不备者过半矣,而习者不知。"又曰:"昔之说《书》者序以百。"均其明征。使伏生仅传二十八篇,则《大传》何以引《九共》,而秦火以后,若娄敬、董仲舒何以又均引《太誓》乎?则伏生所传之书,不以二十八篇为限,奚得以百篇为虚存之目,十六篇为微文碎辞乎?

《元宪集》书后

　　《元宪集》采自大典，亦多误收之作，如卷二有《在海外遇寒食发家书偶成》诗，（题系节引。）有"三过解泽流，六见槐花黄"句。元宪未尝谪海外，此误收者一也。卷二十《深州防御使驸马都尉钱景臻男忱可庄宅副使制》作于神宗朝，时元宪已殁，此误收者二也。卷三十六《成都府新建汉文翁祠堂碑铭》，《景文集》卷五十七亦有此题，（惟"翁"作"公"，无"铭"字。）字句略同。据篇中"嘉祐二年，予知益州"语，与景文事迹合，亦非元宪之笔，此误收者三也。若夫字句讹挩，篇必数见，《元宪集》然，《景文集》亦然。（如卷八次江都诗，诗与题不符，乃并诗题而讹者。）惜无旧刊以正之。

《浮溪集》书后

　　《浮溪集》录自大典，故多误收之作，如卷二十一《乞祠与宰相弟》二书，确为汪应辰作。书言"目昏，以白汤沃洗，亦复稍明"。又言张敬夫、郑藻除官，而《文定集》卷十五《与李运使书》亦言目昏及白汤沃洗事；又言敬夫中批知袁州，次日除郑藻仪同，则二书作于一人，且作于一时。惟书中所言，均系孝宗时事，时藻已久殁，则书中自称之名，亦系后人妄更。若卷二十九《会于北禅》诗，题中明言应辰得多字，此亦当入《文定集》者。卷三十《蜂儿行》，卷三十一《嘲人买妾而病》七律二首，亦非藻诗，与胡宿文恭集杂收陶诗者（卷一《怨诗》初调示庞主簿及邓治中乃渊明旧作。）同误。均重刊斯集者所当芟剟也。

《苏诗合注》书后

苏诗用典平易，《合注》又集众家大成，然谬误亦时有。如《己未十月十五日狱中恭闻太皇太后不豫有赦作诗》云"犹许先生似正言"，山公引《职略》"宋改'拾遗'为'正言'"。案，《汉书》载宣帝谕夏侯胜谓："先生正言，无惩前事。"苏用斯语，非官名也。（卷十九。）《以玉带施元长老，长老以衲裙相报，次韵二首》云"病骨难堪玉带围"，师注以"此诗为赴杭过润作"，冯氏以"赴杭"二字微误。案，佛印与坡公问答，屡称"内翰"，必苏由翰林学士出守杭州之日也。今列为"由金陵至泗之诗"，考核已疏，不得以师注为误。（卷二十四。）《复次韵谢赵景贶陈履常见和兼简欧阳叔弼兄弟》云"共寻两欧阳"，查注谓："欧阳公四子，发、奕均早卒。"冯氏据《宛丘集·和伯墓志》云："享年四十六。元祐元年葬文忠之兆，其卒年无考。"案，《文忠年谱》：伯和生于康定元年。"享年四十六"，则卒于元丰八年，非无考也。（卷三十四。)《赠诗僧道清》云:"为报韩公莫轻许,从今岛可是诗奴。"王注云:"次公曰'诗奴',则杜牧作《李贺诗集序》所谓'奴仆命骚'之意。"案,此用郑都官"僧是诗家奴"语,王说非是。(卷四十五。)《王氏生子口号》云"太白犹逃水仙洞",查注引《续仙传》孙真人救龙子事。案,此用织女诗儿梁玉清故实,若如查说,则与诗旨相违。(卷四十六。)又《次韵蒋颖叔、钱穆父从驾景灵宫》二诗,查注引《藜藿野人诗话》谓汉张宽自扬州守召。案,张宽扬州刺史,非广陵太守。此均亟宜辨证者也。(卷三十六。)然斯编体大,固非微瑕所克掩,是在审而观之耳!

《总同盟罢工论》序

吾历睹中邦往述，凡揭竿斩木之变，虽由一二豪杰为倡率，然发难之萌，率胎于劳力之民。三代而上，田有定分，岁用民力，不逾三日。虽《传》言小人劳力以事上，然受产之则，布于朝，复稽时休民，俾有余力。故等仪之辨虽严，而下鲜谤讟。东迁迹息，暴政朋兴，囊括民财，斩艾民力。观魏君重敛，残食于民，而《硕鼠》之刺兴。《诗》言"逝将去汝，适彼乐土"，言民去其国也。梁伯好土功，民疲不堪，而《春秋》书梁亡。《公羊传》称之曰"鱼烂而亡"，言民逃其上也。夫怀土之念，首丘之思，凡在黎氓，罔不同具。其所以轻于去乡者，则以避布粟力役之征耳。其在《易》之《涣》曰："涣其血去逖出，无咎。象曰：涣其血，远害也。"其此之谓乎？特封建之朝，邻封密迩，罹虐之民，其象为去。混一之世，四方靡骋，罹虐之民，其象为畔。昔秦皇穷困万民以适其欲，筑阿房，设驰道，骊山役徒以巨万计。百姓任罢，内外骚动。一夫大呼，云人响应。贾山《至言》论之曰："秦帝以民自养，力罢不能胜其役，财尽不能胜其求，劳罢者不得休息，饥寒者不得衣食，人与为怨，家与为仇，故天下以坏。"由是言之，则民罢财尽，为群黎昌乱之阶，秦社之覆，咎由民劳，闾左戍卒，功未足多。山言具在，可覆审也。后世而降，国有罢民，则掩社之灾，其象隐肇。试观隋炀穿漕，众夫侧目；宋徽迁石，群盗满山；元侈浚河，而韩祸作；明兴矿利，而张、李变萌。此岂历数之不属哉！盖民有恒性，率亲利而远劳，至于给役万人，发他无艺，财力互罄，诅祝式兴，势必奋臂草泽以少抒其蕴。故世变之生，率以劳力之民为功首，夫奚英杰之足云。清室宅夏，矫虔之虐，施于士族，臣工黎庶，鲜亲其酷。故舍田仆灶丁外，乡鄙之众，以自食其力，备物给用，俱赡而交利。今则莫然。桑、孔之辈，骈肩于朝；豪商黠贾，欣盗其说以自殖。巨邑达都，工场臻密，进席市利，退杜民业，致农士工女靡所之雠其货。及物值腾跃，细民仰屋嗟生，或背遗井里，以供富室之役。力作之劬，有苦隶虏。复靳其赁赀，俾所入弗胜自赡。虽秦隋辟王之暴，曾蔑是过。惑者不审，以为兴利术昌，则失业之民鲜，不知方今劳力之民，衡以向昔失业之民，疾苦滋巨。盖失业之民，境屯而躬佚，今则操业鲜休，瘁躬胼体，而艰屯之况若昔。蚩氓虽冥，亦何乐朘罄膏血，益殷户之侈，俾之以财力相君哉！加以贷耕之农，见十税五，采矿之夫，营道之卒，莫不躬罹棰楚，短褐不完。及遥适殊方，则皙人复绳以苛则。民生多艰，实振古所罕睹。

故抗税休市之变，交相踵而呈。

惜西国总同盟罢工之术，鲜有达者。吾友张继，以德人罗氏《总同盟罢工论》意主福民，以汉文移写之，俾为申儆齐氓之助。夫农夫释耒，工女下机，前哲虽垂为恒戒，然孟轲有言："无君子莫治野人，无野人莫养君子。"又曰："劳心者治人，劳力者治于人；治于人者食人，治人者食于人。"姬嬴而后，循孟说若金科。故兹之作民蠹者，结驷联骖，厉民以为养。农殖所入，恒恃役民。倘罗氏之策推行禹域，闾阎驿骚，纭若羹沸，则握政之人，丧其所依。即以甲兵相耀，其资粮履屝之供，亦匮竭莫复继。泯等威而均民乐，意在斯乎？盖处今之俗，匪有非常之源，不足言拯民。若谓矫除寇虐，仅恃绿林之豪，则罔恤民劳，冀兴大计，固未之前闻也。奚独于今而莫然！故推论其说，以质张君。仪征刘光汉序。

《共产党宣言》序

《共产党宣言》马克思、恩格斯所合著,欧美各国,译本众多,具见于因氏叙中,日本堺利彦君,曾据英文本直译,而民鸣君复译以华文,移写既成,乃书其端曰:

共产主义同盟(Communist League)创于1836年。先是德人魏特林(Weitling)以共产主义标其学,为德都青年所慕,嗣多亡命巴黎,乃潜结秘密会社,奉维氏学术为依归。及1839年,巴黎变起,德人多罹放逐,乃改赴伦敦。时会员渐众,德人、英人、丹麦人、波兰人、匈牙利人、瑞典人多与加盟。及1847年,乃以共产主义同盟之名公揭于众。由春徂冬,开大会二次。时马氏及恩氏均为社会主义大师,恩氏著《英国劳动阶级状态》(The Condition of the Working Class in England),马氏亦著《困贫之哲学》(Philosophie de Mlisere)。嗣同居伦敦,适同盟成立,以宣言起草相委。次年二月初旬,遂以宣言公于世。自斯以降,欧洲政府威令日严，即此同盟，亦于1852年解散。然1864年，万国劳民同盟（International Workingmen's Association）复兴于伦敦。现今万国社会党大会即权舆于兹。其宣言始由义人马志尼撰述，嗣为劳民所斥，仍由马氏起草，是为《万国劳民同盟宣言》，与《共产党宣言》不同。

夫马氏暮年宗旨虽与巴枯宁离析，至现今社会民主党利用国会政策陷身卑猥。然当其壮年，则所持之旨固在共产，观此宣言所叙述，于欧洲社会变迁纤悉靡遗，而其要归，则在万国劳民团结，以行阶级斗争，固不易之说也。惟彼之所谓共产者，系民主制之共产，非无政府制之共产也。故共产主义渐融于集产主义中，则以既认国家之组织，致财产支配不得不归之中心也。由是共产之良法美意亦渐失其真，此马氏学说之弊也。若此宣言，则中所征引，罔不足以备参考。欲明欧洲资本主义之发达，不可不研究斯编。复以古今社会变更均由阶级之相竞，则对于史学发明之功甚巨，讨论史编，亦不得不奉为圭臬。此则民鸣君译斯编之旨也。用书数语，以志简端。申叔识。

《国粹学报》三周年祝辞

戊申孟春，为《国粹学报》成立之第四年，同人拟举行三周年祝典，乃系之以辞曰：昔虞卿弃相，穷愁著书；子云草《玄》，寂寞自守，不以学术为适时之具，斯能自成一家言。盖舍禄言学，其业斯精；以学殉时，于道乃绌。惑者不察，妄援仕学，互训邳书之粹言；官师联职，周庭之成法。是则学古为入官之阶梯，变通乃趣时之捷径。道衰学敝，恒必由之间尝。盱衡今古，博征载籍。凡功令所崇，学官所肄，虽成风尚，鲜克昭垂。昔西汉初业，贱视儒生，世承焚经之遗，律设挟书之禁，然《诗》训炳于毛公，《书》编藏于伏胜，隐居求志，经训乃光。自汉武御宇，董生献言，罢斥百家，折衷六艺，今文既主学官，博士惟通家法，由是掇彼片词，竞言致用。《洪范》测灾，启小臣之言事；《春秋》折狱，诏酷吏以舞文。甚至纬学杂陈，讇言朋起，师语其弟，取青紫必自明经，臣蛊其君，逞车服以矜稽古，而经学遂至此而衰矣。迨夫典午以还，士崇文藻，庄老告退，山水方滋。然挚虞所编，昭明所录，藻绩虽极，性真未漓。自世尚词科，人娴小技，壮夫竞事雕虫，举子空矜走马，词涉揄扬，便谓和声以鸣盛，音流淫靡犹矜谲谏以主文。虽许身何愚，或比踪于稷、契，然立言不朽，实远逊于班、杨。甚至河东献赋，惟恃吹嘘；冀北空群，不辞荐剡，而文学亦至此而丧矣。及夫陈、穆修图，周、张论学，洛、闽为道学之宗，陆、王亦间时之杰，立说虽偏于执一，施教乃出于至诚。厥后学尚践虚，人矜作圣，考亭之书，既著令甲；余姚之学，遍及齐氓。心传必溯虞廷，性道惟宗孔氏，斥读书为玩物，齐主敬于致知。或饰圣言以庇眚，或昌谠论以竞名。又或貌饰躬行，中藏谲诡，公孙曲学，胡广中庸，儒以诗礼发冢，伪德彰闻，士以乡愿为归，清流屏迹，而理学亦自此而亡矣。由是而言，学术甫萌之世，士以励己为归，学风丕振之时，说以徇人为美。励己则甘守湛冥，学祈自得；徇人则中怀躁进，说涉模棱。故思来述往，皆圣贤失志所为；而执古御今，乃策士纵横之习。若夫诵诗闻政，读史论兵，以《雅》《颂》致升平，以经术饰吏治，名为用世之良规，实则干时之捷径，虽金人所乐道，亦君子所羞称。试观周秦诸子，道家独尚无为；炎汉经生，高密不循师法。然一为九流之冠冕，一为六籍之大师。是则囷轮之材，羞合栋梁之用；闳达之彦，耻为媚俗之书。稽之在昔，有不爽者。今也夏声湮堕，故训式微，易雅乐为侏僷，饰奇技以淫巧。自诩识时之杰，渎陈济世之谟，由是土苴礼乐，糟粕诗书，说经则羞言服、郑，论文则俯视柳、韩。

道异庄生，侈谈六合；学非邹衍，竞说九州。颓风所被，利禄所趋，举世率循，莫之或挽。或谓中邦之籍，学与用分；西土之书，学与用合。惟贵实而贱虚，故用夷以变夏，不知罗甸遗文，法郎歌曲，或为绝域之佚言，或为文人之戏笔，犹复钦为绝学，被之序庠，而六书故谊，四始遗音，均为考古所资，转等弁髦之弃，用学合一，果安在耶？盖惟今之人，不尚有旧，复介于大国，惟强是从，是以校理旧文，亦必比勘西籍。义与彼合，学虽绌而亦优；道与彼歧，谊虽长而亦短。故理财策进，始崇管子之书；格物说兴，乃尚墨家之学。甚至竺乾秘编，耻穷源于身毒；良知俗说，转问学于扶桑。饰殊途同归之词，作弋誉梯荣之助，学术衰替，职此之由。加以吏矜竭泽，民痛屯膏，世崇歆莽之谋臣，献孔桑之策。既举世之混浊，复民生之多艰。饥来趋我，低徊北门之章；旅食依人，托命东陵之上。世网既婴，倡优同蓄，欲泯仰屋之嗟，致辍析疑之乐。盖汲古之念虽殷，而说学之心莫副。人文衰歇，亦其一端。是则由今之道，无变今俗。浅夫舍旧而谋新，学士因贫而辍业，势必典籍日湮，丛残莫掇、侈言保学，安可得哉！然而鲁冢弦歌，不以干戈而辍；商歌金石，不因环堵而更。值风雨之如晦，与日月兮争光。凡此孤标，允宜取则。况复式于古训，尚有典型；即曰法贰后王，讵为不雅？所冀有志之士，共秉此忱，通塞有时，服习无改。卑之无甚高，讵必侈言经世；确乎不可拔，惟期毋贰尔心。虽晦明艰贞，守雌甘符于老氏；然离世特立，兴起不待夫文王。国学不堕，其在斯乎！此则师培区区之志，而欲与诸君交勉者也。故推论其说，以著于篇。

《衡报》发刊词

大道之行，天下为公。庄诠齐物，翟阐尚同。芸芸众生，禀性惟均。孰判其等，卑高以陈？恢恢大圜，群萌并育，孰划其藩？辨物类族。古亦有言，藏富于民。熟颛其利？蹲财役贫。往古来今，三弊同然。爰匡其非，泯私戒偏。民蠹有三，曰兵、刑、财。上挟其利，民婴其灾。懿惟军人。赋质凶残。锯牙钩爪，艾民若菅。欺弱攻昧，上将凯还。戎马所经，千里朱殷。师或无功，鼓衰旗折。寄身锋镝，暴骨沙砾。鲸鲵既封，鸢鸟饱食。招魂不归，山河黯色。古有至训，佳兵不祥。谨告征夫，永矢勿忘。刑章之设，防民为首。乱若丝棼。苛察缠纠。天网协张，有若罟筌。縶躬梏体，民陷徽缠。桓桓司藏，吮血磨牙。毁室破柱，万口咨嗟。屠伯狞狰，众鬼森厉。画地为牢，地天晦翳。法为民害，四海毒痈。弁髦典宪，责在吾徒。聚敛之术，盗臣是操。竭泽而渔，吸髓屯膏。哀我农人，立锥无土。贷耕豪民，见十税五。亦有黠商，财力相君。垄断既登，至身青云。给役万人，牛驹同贱。短褐不完，民用嗟怨。爰荡其制，化私为公。共财之法，利与民同。凡此三端，施行孔迩。爰发群蒙，以伸厥旨。嗟乎，运会循环，有如转毂。无陂不平，无往不复。祝诅式兴，崇高必覆。物屈则伸，龙蛇起陆。自今以往，玄黄战血。群黎驿骚，土崩瓦裂。师徒倒戈，农工辍业。斩艾人治，无俾萌蘖。污俗既涤，改弦更辙。货力不私，等威荡灭。无有远迩，大同为臬。是曰郅治，群情洽浃。《衡报》刊行，意在于兹。涤残蠲暴，拭目俟之。今将宗旨列于后：

一、颠覆人治，实行共产。

二、提倡非军备主义及总同盟罢工。

三、记录民生疾苦。

四、联络世界劳动团体及直接行动派之民党。

劝各省州县编辑书籍志启及凡例

尝考《周官》外史之职，掌四方之志。郑注释之曰："若《晋乘》《楚梼杌》之类。"是则诸侯各国志乘咸有专书。然吾观《春秋左氏传》备引《周志》《郑志》之文，即外史所掌四方之志。然绌绎其体，大抵汇录名贤绪言，旁及学术之大要，非仅如后世图经地志之例也。盖周代之初，民无私学。东周以来，士尚私门撰述，而学派或因地而殊，郡国州邑有特殊之学，即有专门之书。顾六朝以前，求书之使相望于道，犹得采诗、陈书之遗法。故文章载籍皆聚于上，篇目并较然可按。后世以降，学士大夫纂述尤盛，而典书之官职同虚设，虽遇右文之朝，其能珍藏册府者不过十之二三耳。加以兵戈窃发，波动尘飞，烬余之书，又十不存一，士之仰屋著书，冀千秋万岁之名，将何恃以自壮欤！今者，太西学术，输入中邦，户肄大秦之书，家习劫卢之字。倚席而讲，匪博士之才；抱经以行，丧缩儒之业。自今以往更三数十年，其销蚀散亡，视今为何如哉！

昔郑樵《通志》论校书之法,谓当因地而求。近儒章氏实斋亦曰:治书之法,当责成州县学校师儒,讲习考求,著为录籍,载笔之士,果能发明道要,自致不朽。愿托于官者,听之。如是,则书掌于官,不致散逸。此诚存书之要策。然州郡师儒,通才罕觏,别白精审,良非易事。且以官掌书,则遗民义士之书,既干禁目,必罹芟铲之灾,甚至启挟持之渐,以文网相绳。又或畸士鸣高,耻以著书自眩,虽著述渊富,亦必湮没不彰,较之遣官求书之法,其失相同。窃意欲保存旧籍,宜先编书籍志。凡一州一邑,皆有部次之书。夫郡邑志乘,非无经籍、艺文各志,然附详纂述,事本旁及,仅具书名,不详优劣;或疏漏驳杂,考证靡资,非陋则芜,亦其势也。惟咸丰永嘉、仪征县志,著录故书,悉用朱氏《经义考》例,体例最优。然志乘咸出于官修,不能尽书而美善,故州邑编辑书目,宜属民而不属官,并宜特辑一书,不与志乘相附。推而行之,约有数善:十步之内,必有芳草;十室之邑,岂无忠信。名贤硕德,列士贞臣,僻壤遐陬,均有可述。然生平大节,往往形于楮墨,焜耀简编。昔孟子谓友善始于一乡,又谓诵诗读书可以知人论世。夫式庐表墓,表彰名德,承学之士,犹多兴起,况亲见其书,謦欬若接,可不思尚论其人乎?其善一也。先哲著述,非徒博闻嗜古,逞占毕之长,类多通于掌故,练于典章,以备世之急。咸洞明一方利病,谙悉风土人情,于兵、刑、钱、谷深求端委,可以坐言起行,若条其绪论,撷其精英,则私门论议,足补官府文移之缺。异日革新颁政,兴利除弊,或奉其言为导师,裨益乡间,学该实用,其善二也。巫医卜祝,惑世诬民,咸有私习之书奉为圭臬,隐僻之区流行愈溥,荧惑众听,戕贼民生,风化僿塞。职此之由,今仿刘、班之例,方技术数虽列其书,然反复辨难,指隙攻瑕,黑白既昭,务去斯易,使乡曲之氓不为歧误讆言所夺,启瀹民识,即肇兴学之基,其善三也。昔蔡邕校定石经,以为四方之士,贿改兰台漆书,求合私家文字。夫文字点画之微,犹有四方传习之异,况纪载传闻,私书别录,各逞私臆,淆乱是非,别有伪造古典托名前儒,妄希诡合,疑似混淆。然郢书燕说,虽或取信于他方,而本邑士民则耳目近接,闻见易审,若能考定篇章,覆审文字,参以嗜旧之传闻以判其真伪,庶几泾渭虽淆,淄渑可辨,其善四也。四善既彰,收效甚速。今也创办伊始,虽一州一邑各自为编,及渐次推行,凡一府之中,约取州县所录之书,辑为一郡书籍志,省垣之地,又约取各府所录之书,辑为一省书籍志,则天下文字,皆著籍录,异日名都大邑,设藏书之楼,或儒林之彦,文苑之雄,编辑一代之学案,汇刻一代之诗文,凡购求典籍,皆可案簿而稽,无旁搜博采之劳,收互证参观之益,修述故业,发明光大,以与晳种之学术争骖比靳,保存国学,意在斯乎!昔孔子欲考夏、殷之礼,谓夏礼吾能言,杞不足征;殷礼吾能言,宋不足征,由于文献之不足,则征文考献,必援地类求,虽圣如孔子,欲眷怀故国,不能于文献之外别有取资。况复学衰道丧,故训式微,后生小子、目不接前辈之典型,耳不闻先正之绪言,风流歇绝，一至此极，神州学术，谁延一线之传。故欲谋保存，必先辑录，世有君子，仰前哲之芳徽，抒怀旧之蓄念，分类辑录，汇为一编，使枌社文献，赖以有征，师师相承，赓续于无穷，非惟闾里之荣，亦且邦家之光矣。先民有作，庶无愧焉。今将凡例列于后。凡例：

一、歆、向校书，汇为《七略》，兰台作志，始著《艺文》之名。夫艺为六艺，文即俪辞，载籍浩博，非"艺文"二字所能该。《隋书》改"艺文"为"经籍"。夫经为四部之一。不足以该四部之全，考其缺失，与兰台同。后世史书，因仍相袭。郑樵《通志》，名沿班史。马氏《通考》，名袭《隋书》。律以正名之义，均名与实违。今编萃各邑书目，拟改用"书籍"二字。盖经籍、艺文，均书籍之一端，义有广狭，不可不辨也。

二、周孝王作《关东风俗志》，有坟籍志之名，见于刘氏《史通》，是为地志载书目之始。顾其书久佚，义例不详。自明以来，郡邑志乘，类志艺文，事由枝赘，式同帐籍。所见地志艺文，略师目录家。前轨者惟咸丰永嘉、仪征二志，义例为优。今拟取各邑艺文，勒为专书，不附志乘，用管氏庭芳《海昌经籍志》、孙氏诒让《温州经籍志》、廖氏平《井研艺文志》例也。

三、自封建易为郡县，汉魏之世，地沿古称。唐宋以来，分为各道、各军。元称行中书省，明乃建设省会，分隶各布政司。至于今日，其州郡之名，有沿古弗改者，有随地随时更易者，或古歧而今并，或今分而古合，欲明沿革，如治乱丝。今编辑书籍，既州邑各自为书，而著录之书，又以本土之人为限，而州邑之名复今古互歧，于古代著书之士，何由辨其为邑人非邑人乎？然各邑志书，均有沿革一门，于历代裁割并省，记载特详，可约取其词，参考万氏《一统志表》，次为本邑历代沿革表一卷，然后参考群书，据乡贯以搜撰著，庶免混淆。（案：州县方域古宽今狭，则以古代州县疏而近代州县密也。故古代一州兼今数州之地，古代一邑跨今数邑之疆，虽能辨古州县即今何州县，然古代一州县有今数州县之地，著书之士，其所产地，欲辨其在今某州某县，甚为难事。如汉余姚地有今余姚附近数县地，王充为余姚人，其所著书仅著录于余姚一县乎！亦旁见于附近数县。举此一例，其难可概见矣。是在考古之家，确访其里庐祠墓，以确定其所生之地在今何处，然后列入某邑志中。）

四、州县之地，有异地而同名者，钱氏竹汀所析甚多。如嘉庆《扬州府志·艺文门》误收福建兴化人之书，他邑志书必多蹈此失。此类俱当审正。

五、自昔图经地志，莫不扳援古人以为桑梓生色，然多有不核其实者。如大夫种为郯人，而王深宁以为鄞人；老子墓近亳州，而《陈州志》以为陈产。名贤且然，况于儒林、文苑之才乎！此类俱当博考，不得袭前人之谬，使乡邦之文献真伪互淆。

六、韩非为韩人，墨翟为宋人，荀卿为赵人，尸子为楚人。然韩、赵、楚、宋，疆土浩大，前儒乡里，渺不可稽。然遗编记载，父老流传，或庐里存其故址，或祠墓表自后王，既有确证可凭，则乡贯不难逆臆。然后据乡贯以搜著述，庶考证不涉空疏。

七、隐秘之书，多缺著书者之姓氏，后世传闻异词。有同为一书，而著书之人其名互异，如明季《行在阳秋》一书，或以为刘湘客撰，或以为戴笠撰是也。然传闻既有异同，势难折衷一是，若削而不录，后世何稽？若此之流，两邑志书均应互为著录，并注疑词于下方，以备后儒之考订。

八、古代之书其不可信者凡二类：一曰伪托，乃赝作书籍假托名氏者也。伪托之书，其作伪之人或不可考，其所托名之人乡贯虽或可稽，然其书既非己意所欲出，鱼目混珠之讥讵能免乎？一曰剿袭，乃干没旧籍妄托己名者也。剿袭之书，书非己著，而坐享盛名。窃人之财犹谓之盗，而况窃其籍乎！凡此二类，采录宜严。然伪托之书，或间有精义，凡遇作伪之人确有主名而为本邑之人者，量加收录，而托名之人则不录。剿袭之书，既非心得，凡遇原作之人，确有主名而为本邑之人者，必详加收录，而干没之人则不录。若夫其书在真伪之间者，考究既难，亦姑为著录，以备参稽，并注存疑之词于下方，以俟来哲之决疑。

九、目录家原出刘向《别录》，昔人谓书名之外有所稽撰是也。晁、陈两家，咸守轨辙。至《马氏通考》之列经籍，间存叙跋，益以诸家论释之词，体裁大备。秀水朱氏《经义考》宗之，益加恢博，今宜参用马、朱之例。

十、《七略》之列，其实仅六。自荀氏创立四部，沿承至今。

阮孝绪之《七录》，王俭之《七志》，分析近碎，不能夺荀氏之帜也。志乘书目，或以人为纲，盖用《剡录》之例，然渊源流别隐而不彰，今一以四部为次。盖后世史籍浩繁，不能尽隶于春秋，而九流之目，则佚三存六，又与古代不同，不得不用荀氏之例也。至子目分合出入，则《四库全书提要》辨析最精，分隶亦当，可奉为圭臬，惟稍易成规，以合大易变通之旨。今将子目列于下：

经类十三 易 书 诗 礼 春秋 孝经 五经总义 四书 小学

史类十六 正史 编年 纪事本末 别史 杂史 诏令 奏议 传记 史钞 谱牒 载记 时令 地理 职官 政书 目录 史评

子类十四 儒家 兵家 法家 农家 医家 天文算法 术数 艺术 杂家 类书 小说 释家 道家

集类五 楚辞 别集 总集 词曲 诗文评

所分子目，或本邑书籍径缺此门，则用孙氏星衍《廉石居藏书记》例，标明某类书无用，便省览。

十一、编辑书目，首据各史艺文、经籍志。（《宋志》所无者，取倪灿《补志》。辽金元无艺文志，则取金门诏及钱竹汀《补志》。）然各志所缺甚多，仍当参考各列传。如《汉书·叔孙通传》："通为奉常，定宗庙仪法，及稍定汉诸仪法，皆通所论著也。"《后汉书·曹褒传》："章和元年正月，乃召褒诣嘉德门，令小黄门持班固所上叔孙通《汉仪》十二篇，敕褒……依礼条正。"郑君注《周礼》引汉礼器制度，贾《疏》以为即叔孙通所定，而《汉》《隋》二志，均无此书，则据各志，犹需考列传矣。然史书所作列传，于一代之人物不必尽书，即书之亦未必尽列其著述。故晁、陈、赵、郑、马、汉诸家，以及各家诗文集、笔记、金石碑版、藏书家目录均可参考。若《四库全书提要》尤多未备，一由山林隐遁之流不欲以著述自矜，虽有遗书，未经呈献；一由胜国遗编刊禁目者以千数，既去其籍，其详莫闻。则近代册府所储，亦不得谓之为全璧也。郡邑志书，间有书目，视《提要》所载，必多增益，然修志之顷，目录之学，既非专门，简陋之讥，谁能免乎？故编辑书目，宜参用郑樵求书之法。一曰即类而求。如经学家必多说经之书，词章家必多先贤专集是也。二曰因地而求。如名山大川，崇祠古刹，咸有专志，可援地类求是也。三曰因家而求。名门世族多为文献之宗，且牒谱之书亦可补官书之缺。四曰因人而求。职官政书，或录于吏胥之手，道书释典，或藏于佛老之徒，凡此之流，均可参考。循此四法，则事半功倍，易于成书。然犹有难者：一由古代之书出于后世，（郑樵云：古之书籍，有不出于当时而出于后世者，有上代所无而出于今之民间者，引证甚多。见《通志·校雠略》中，兹不复引。）然真伪互淆；（如伪《孔传》、伪《三坟》诸书是。）一由《通志》《通考》均录艺文，然记录著书之人，只载姓名，未标乡贯，今年湮代远，无由订其为某代之人，更无由订其为某邑之人，非精于考证，曷能详备无遗哉。

十二、古人编书皆记其亡阙，所以仲尼定书，逸篇具载；王俭《七志》举《七略》《汉志》《魏簿》，所缺之书别为一志；阮氏《七录》亦守其例。隋代亦然。至唐人收书，只详其有，不记其无，而亡阙之书无复著录。然书籍存佚，有关学术风尚，惟朱氏《经义考》区别存佚，于存佚外别有二例：曰"阙篇"，简俄空，世无全帙也；曰"未见著录"，未见，购觅则难也。存阙二者，稽注尚易；佚与未见，易于歧淆。孙氏《温州经籍志》例，凡注未见者断自五代，绛云述古诸目所收为始。其《千顷堂书目》记明人之书多张空目，不在此例。《四库全书》著录及存目所载，不必目验，概注为存，释道两藏亦然。（释家书据雍正中藏经馆重刊《龙藏汇记》，道家书据明白云霁《道藏目录》。）今宜遵用其例。惟乡贯著述，晦而复显，隐秘之书，久而始彰，耻作玉堂之献，甘为名山之藏，虽为四库及藏书家所未收，然书苟未湮，亦概注为存，以待后儒之表章。

十三、卷帙异同，关于省并，今于见存之书，宜详考旧椠、标题、卷数，其后人重编卷第异者，则注于下方。若亡佚之简，著籍多歧，今以最初著录之卷数为主，异者亦注之如上例。

十四、各邑之中，不乏留心乡献之人，文征诗录，必多总集，然一总集中或列其人诗文数篇并无专集者，而此数篇中有关风化大义，学术源流，亦载入书目，仿《汉书·艺文志》某人文几篇、赋几篇之例，直书作者之姓名。庶使后日缀文之士知所观感。

十五、编书之家，多率尔操觚，有见名不见书者，如颜师古《匡谬正俗》，《崇文书目》列入论语类，顾烜《钱谱》，唐志列入农家类，是也。如此之流，其隶属某部，均应确审。至于古代子书，分合出入，史志多殊，惟《四库全书提要》集众家之大成，证订多精。诸书之分类，似宜以此为折衷。

十六、刘《略》、班《志》，部次学术有互著之例，有裁篇别出之例。互著之例，如兵书权谋家有荀卿子、陆贾、伊尹、太公之书，而儒家复列荀卿、陆贾之作，道家复列伊尹、太公之作，是也。裁篇别出之例，如裁《管子·弟子职》篇入小学《礼经》《三朝记》篇入《论语》是也。此例最精。盖目录之学，非徒簿记而已也，盖欲人即类求书，因书究学。至学有旁通，书有两用者，当用互著之例，兼收并载，初不以重复为嫌。于一书之互著者，并当详注于下方，言此书兼见于某类，并阐此书之宗旨作用，以明其互著之由。

若一书之中有数篇别为一义，则当用裁篇别出之法，裁其篇章隶于他类，并注于下方，言此篇采自某书，庶学术流别，于焉大明。此固会稽章氏之旨也。

十七、近人著述，别有三科。一曰掇拾，一曰校勘，一曰评点。掇拾者，取已亡之书，旁征博采，俾成完帙，虽鲜下己意，然汲古之功自不可没。若此之流亦宜著录。如郑康成《易注》辑于王深宁、惠定宇，卢植《礼记解诂》辑于臧庸堂。今编辑书目，于《高密志》中宜书郑元《易注》若干卷，下注王应麟、惠栋辑于《宁波志》中，别著王应麟辑《周易郑注》若干卷。《元和志》中别著惠栋辑《周易郑注》若干卷，庶已亡之书，易为见存之书，而辑书者之姓氏亦与著书者并垂。略举一例，余可类推。校勘者考订字句之同异，厘正音训，间与小学相通。近儒如卢绍弓、秦敦夫均校刊古籍，有稽古之功，亦宜量加著录。惟著录之书以有注释、案语及札记者为限。若夫钟鼎之家，射利之徒，或重刊旧本书籍，互相标榜，冀取浮名，无关撰述，宜加删削，以示谨严。至评点之书，无论经史子集，择其立言雅训者，附入诗文评之列。若夫乡曲俚夫，因陋就简，即古人之文妄加评点，以便揣摩诵习，此则君子之所嗤，岂可厕名于著作之林哉。

十八、目录之书，非同传记，著书者风概，原可从阙，然知人论世，考寻斯在。子政、子固校上之篇，总括生平，《新唐书志注》，且补传缺，《四库提要》，首详乡贯，皆前事之师也。今于著述初见者，列其人籍贯、字号、科第及所终之官。正史有传，则云某史有传。若正史无传，而碑志传状见于私家文集者，则摘录其词，详征言行。其旨有三：一曰考佚。道咸以来，耳目近接，文献易征，师儒行实，无庸赘述。惟代远年湮，志乘莫载，或湮没无传，或传而不彰，幸遗书未泯，生平言行，犹可寻按，遗闻轶事，均宜牵连附书。二曰表微。达官朊仕，声誉竞垂，其有艰贞忧愤，一意孤行，风雨如晦，鸡鸣不已，时值晦匿，或有阙书，泰山毫芒，掇拾斯贵。三曰载言。不朽有三，言亚于德，纪载达例，每详事而略言，然遴其法语，可想见生平，而训俗之词，尤宜博采。盖以人传书，不若以书传人。故表章名德，于征文之中，寓考献之旨，意主阐幽，不嫌歧例。

十九、叙跋之文，出于本书，马氏系志录之后，朱氏冠书目之前。今宜于每书之下，先录叙跋，再及著录。各书惟序跋作者不一家，朱紫淆杂，雅郑杂糅，义主考稽，不释文义，但取其有关著作条例，传授原流，以逮其人生平皆载之，有删无改。有年月结衔者亦录之。其原书已亡或未见，则于序跋之下注所采之书，以示征实。至空泛之论，庸腐之谈，骈俪之文，徒费钞胥，无关考证，蕺裁斯下，芟柞从严。

二十、编次之例，既主分类；一类之中，又以时代为次。大率以科第生卒之年为次，无可考者，则以游处之人定之。若夫遗民义士，未膺兴朝爵命，则系名前朝，用《四库提要》录宋景熙、元朱希晦例也。故明季遗民之作，均当殿入明人之末。其有姓名厪具，事迹莫征，亦殿之一代之末云。方外、闺秀，概从其世。

二十一、举业文字，为利禄之阶，而杂剧列教坊之事，小说实奸盗之媒，凡此三科，古帙虽存，概不甄采，用孙氏《温州经籍志》例也。不得以千顷堂之收时文，《百川书志》之收传奇概之。

二十二、近世瀛海交通，东西各邦，学术输入，扶桑之书，大秦之籍，学士大夫，多有肄业及之者。然寻其体例，约有二科：一曰翻译，一曰编纂。其已刊之书，亦宜按译书、编书者之乡贯列入书目之中。盖翻译之例，释典已开其先，编纂之书，经桴实开其例，虽学术别分科条，多吾国所未有，宜别立专门之目。然翻译、编纂之书，流传之本，不及古书之百一，宜强为变通，仍揭《四库提要》之子目为纲，将新出之书，区隶各类。如东西史乘，宜隶别史、杂史二门；名哲传志，宜隶传记之门；五洲经、地图志，宜隶地理之门。若夫政法之书，亦分二类：空论者隶入法家，征实者附入政书。至于医药之书，农工之学，以及数学、兵学诸科，于吾国丙部之书，咸可分类附列。（如医学之书入医家，农学之书列农家，工学列艺术门，数学列算法门，兵学则列于兵家是也。）惟哲理诸书，或自成一家之言，宜仿《墨子》诸书之例，并入杂家。此分别部居之大概也。惟佳编罕觏，俗笔流行，言不雅驯，有乖著述之体，亦宜删削，免贻泛杂之讥。

二十三、编次书目，既州邑各自为编，惟每编之首，宜列总序一篇，详述本邑人文之特色，推及学派之流别，文章之源流，使读其文者，备悉一邑学术之大概，庶与蹈空之作不同。

二十四、地志书目，宜有限断。然郡邑之人，迁徙无恒，或本邑之人，侨居他郡，或他邑之士，来作寓公，或父子之间，籍贯顿异，如扬州名士多属徽产是也。又有同一人而乡籍两称者，以徐石麒之忠节，而籍有青浦、嘉兴之异，以阎百诗之淹博，而籍有山阳、太原之殊。盖一为桑梓之乡，一为侨寄之所也。今宜用孙氏《温州经籍志》例，凡自内出者，录父而删子，以父尚邑产，子则异籍也。自外入者，录子而遗父，以子已土著，父则寓公也。故编辑本邑书目，宜参考各邑志书，有名载他志而原籍本邑者，其始迁之人，著述亦得列入。即有名列本邑志书，而原籍实非本邑者，则去取宜严，期于不漏不诬，庶可传之来叶。

二十五、乙丁二部之书，多关一邑之掌故。一曰别史之属。别史之书，古代以国为限，如《吴越春秋》是也。后世则有以一地为限者，如《敦煌实录》《邗沟要略》是也。一曰杂史之属。杂史之书，古代亦以国为限，如《越绝书》是也。后世则亦以一地为限，如唐人《奉天录》《彭门纪乱》《广陵妖乱志》是也。一曰传记之属。传记之书，皆以人区别，其偶有兼系以地者，如《汉中士女志》《陈留耆旧传》是也。又有甄录一姓之书，如《预章列士传》之类是也。若一行之美，出自一族之人，汇而为书者，如宋浦江《郑氏旌义编》是也。一曰职官之属。职官之书，多官制官箴之类。六朝以前，有专记姓名乡贯及历官大略者，然咸以时代为断。又有以府寺为断者，如晋《东宫寮属名》《大司名》《寮属名》之类是也。又有以府寺一时之人为断者，如晋《齐王官属官》《庾亮参佐名》之类是也。一曰政书之属。政书之属，以地为限，其例有二：有一州一邑法有专条，如《两浙转运须知》《元祐广西甸规》之类是也。有贤守茂宰治绩永垂，如张全义《抚汴录》是也。一曰地理之属。地理之书，有记都城宫苑者，如《三辅黄图》《洛阳记》《东都记》是。其有仅记一邑者，如《邺县纪》《鄱阳县图经》是也。自此以外，有仅详方物者，（如《交州异物志》是也。）有仅记川渎者，（如《姑苏水利》是。）有仅记名山洞府者。（如《嵩山记》《雁荡山记》是也。）然书所记载，仅限一隅。一曰目录之属。古代目录之书，均以册府所藏为限，其以一邑之书为限者，始于唐河南《东斋史目》。又有以一族之书为限者，始于宋荆州《田氏书目》。以上所列，皆属乙部之书。若丁部之书，一曰总集之属，所录诗文，以一州一邑之人为限。如《丹阳集》《洛阳集》是也。又有甄录同时之人其著作成于同地者，如《汉上题襟集》是也。一曰别集之属，名贤著作，裁篇别行。复有关于郡邑文献者，如侯圭《江都宫赋》是也。又有游客寓公以地标集，如武元衡《临淮启事》之类是也。所举九类，书籍浩繁，惟或纂自官师，或成于羁旅，舆地掌故，转益多师，不尽系桑梓，敬恭也。考各地邑志，于列传之外，皆列流寓一门，今帙略师其意。书之成于本邑人者，依类著录；其成于他邑人之手者，则别邑附录，列为外编。凡书之以地、以事系名者，分隶九类之中。（游记或附地理金石，或附目录。）桑梓之闻斯在，主客之辨宜严，汇而观之，或亦搜讨旧文之一助。

二十六、官撰之书，纂录不止一手，标题止据监修，凡郡人为官书监修者，义得入录，其同纂之人，则注名于下方。

二十七、郡邑各志，必多误收之书。若确有明征，宜别为辨误一卷，次于外编之后。

二十八、编辑书目，董其事者宜多识前言、往行，谙于著作体裁，然亦非一人之力所能蕆事，宜以一人总其成，而每乡酌任分纂者一二人，旁搜载籍，博访通人，随时诠次，容可观成。

二十九、州邑之中，世家儒族，或以藏庋相高，储藏之书，首以宋元椠本为贵。盖宝器奇觚，阅世则重，在书亦然。虽与本邑之学术无关，亦宜录入外编之末，以崇秘笈，以发思古之幽情。

三十、州邑之书，有板刻久湮而椠本罕购者，有仅存传钞之本而未付剞劂者，海内所藏，不过数本。若此之流，宜将收藏家之姓氏注列下方，庶他日旁搜秘笈，可以按籍而稽。

三十一、书目志既成，宜将本州本邑之文汇为一本，或仿焦氏《扬州足征录》例，所采之文，不必以本土之人为限，惟取其事有关于本土者。或仿丁氏《山阳文征》之例，所采之文，不必其事与本土有关，惟以本土之人为限。至编辑之次第，或以时代相次，或以文体区分，俾与书目志并行，以彰本土人文之盛。

论中国宜建藏书楼

遐稽上古，言必考典。（《左传·昭二十六年》云"言以考典，典以志经"是。）故《尔雅·释言》训"典"为"经"。及稽之《戴礼》，则古代书在上庠，有典书之官，以诏国子之读书。（《文王世子》篇。）"典"为五帝之书，从册在丌上。许氏《说文》释之曰："尊阁之也。"又以"丌"字象荐物之形，解"畀"字为"约在阁上"。徐氏《系传》曰："典，《尚书》所谓大训，在东序阁，所以承物。"据此以观，则仓史造字之时，加册于丌，足证初有书契，早已建阁珍藏彼三皇五帝之书。周官所掌《典》《坟》《丘》《索》之籍，楚史能谙，谅无不庋诸高阁，以示尊崇良法美意，其所从来者远矣。又考《周官》宰夫之职府掌"官契以治藏"。夫令史簿录，无当于文章钜丽之观，犹布在方策，无或失坠，况于典籍之重乎！昔老子为周守藏室之史，见于《史记》，则周代之时，藏书有定所，掌书亦有专官。然书掌于官，民无私藏。及周衰道废，孔子欲藏书周室，子路谓老聃可以与谋，盖当此之时，学术之权操于师儒，故孔子欲以私家之藏辅官府之不逮，惜有志未偿。降及暴秦，律令图书藏于宫禁，掌于博士，民间莫得而视，民间亦无复有书。西汉肇基，挟书除禁。至于武皇，广开献书之路，百年之间，书积如丘山，外有太常、太史、博士之藏，内有延阁、广内秘室之府。厥后陈农求遗书，刘向典秘籍，刘班所录，班班可考。然秘书之副，仅赐班斿，亡书能识，仅传安世。霍山以写书而获愆，东平以求书而见斥。盖当此之时，在上者以书籍自私，不复公之于天下。自此以降，光武明章，笃好文雅，石室、兰台，弥以充积，别于东都。及仁寿阁搜集新书，两晋六朝，率遵遗轨，《七志》《七录》，篇目俱存。隋开皇间，牛弘遣求书之使，搜访异本。有唐中叶，命苗发求书江淮，而佥察御史兼掌求书。宋设秘书省，凡州县印本书籍，咸解赴册府，以补四库之缺。虽契丹、蒙古以异族宅诸华，然辽建乾元阁，元开弘文馆，秘府所纳，均有可观。明命有司访经籍藏之秘府，以资览阅。至于清代，四库所收，尤征完美。此皆书藏于上之证也。然馆阁校雠不尽向、歆之才，吏民检阅事干例禁，加以隐秘之书，伏匿不出，而山林枯稿之作，专门名家之藏，亦非一时征求所能集。况复中秘之藏，世鲜传本，而易姓改命之际，兵锋所及，文献摧残。观建章焚而秦籍烬，西都覆而《七略》亡，梁都陷虏，玉轴扬灰，唐将称兵，简篇零落，遂使觥觥巨册与国偕亡。向使琅编秘笈，散布民间，藏书者非仅一人，流行者非徒一帙，虽有水火之不时，兵戈之窃发，书策散亡,当不若是之甚也。虽然,汉魏以下,鸿儒著作,日出而不可诎,穷册府所存不过十之三四耳;而世家儒族当全盛之时,物力滋殖,崇尚儒雅,多以藏庋相高,刊书之役,聚书之方,日新而月异,故方、晁、郑、王藏书甲于宋代。降及元、明,此风益炽,绛云、汲古,尤著有声。下至阮氏文选楼、鲍氏知不足斋、左图右史,异书灿备,咸足补官书之缺,作文献之宗,乃不数十年或罹兵燹,或出烬余,或子姓失德弃旧典若弁髦,或家国沦亡鞠艺苑为茂草,至并簿录不可见,况其他乎!呜乎!学术者天下之公器也,今以书自私,上行下效,寒畯之家,虽欲检阅而无由。当其盛时,亦欲以留意篇籍,博嗜古之名,传之来叶,以示子孙,曾几何时,而文籍湮轶、一至此极,非独自亡其书也,且使皇古相传之故笈由己由亡。昔孟子谓上下交征利而国危,吾亦谓上下交争书而学危。言念及此,能无恫哉!嗟乎!三代以降,苛政日增,不知以学术导其民,并不以学术公之于世,虽庠序之间,藏经有阁,以嘉惠多士,然颁赐之籍,半属功令之书,且事领于官,簿录出纳,职守多亏,阅者裹足。惟近代江浙之间,建阁贮书,文汇、文渊,均饶善本,及阁毁于火,崖略仅存。若夫私家之书有公之一族者,如孙氏渊如藏书家祠不为己有是也。即有达观之士,鉴于聚书之易散,欲择宽闲远僻之区以传久远,仿史迁藏史名山,白香山藏诗东林寺例,于崇祠古刹,筑室珍藏,如阮氏芸台藏书杭州灵隐寺及镇江焦山是也。然地匪通都,艰于跋涉,阅书之士,展迹罕临。夫道书释典,均有藏室,二氏且然,况于典籍？昔明侯官曹学佺谓："释道有藏，儒何独无？"欲聚书鼎立；近儒章学诚亦欲于尼山、泗水之间择地藏书，法非不美，然仅托空言，以致好学之士难于得书，见闻狭隘，囿于俗学，并博闻之士多识之才，且不可多得，况欲窥古人学术之真乎！故国学式微，由于士不悦学。此非不悦学者之咎也，书籍不备，虽欲悦学而无从。此则保存国粹者之隐忧也。今考东西各邦，均有图书馆，官立、公立、私立，制各不同。上而都畿，下而郡邑，咸建阁庋书，以供学士大夫之博览。今宜参用其法，于名都大邑，设藏书楼一区，以藏古今之异籍。然经营伊始，厥有数难：世禄之家，鲜明公德，凿楹而藏，以矜私蓄，吝一鸱之借，蹈怀璧之讥，其难一也；若夫求书，遣官下檄郡邑，则顺、康之时曾行此法，而四方州郡，疲于应命，宪檄甫加，即报无书，（见《顾亭林文集》。）今仿其规，恐蹈覆辙，其难二也；梓人考工，以艺自植，市贾之徒，仅知射利，储藏虽富，索值必高，今公私交匮，巨资谁供，其难三也；传录文字，非由目验，时值右文，必多伪托。记事或昧是非，考古莫明存佚，赝鼎乱真，审定匪易，其难四也。有此四难，故欲建藏书楼，必先令一州一邑，普编书籍志，博采旁收，悉著簿录，他日按簿而稽，见存之籍，则檄郡邑上其书，秘异之编，或命写官录其副，前之所谓四难庶可免矣。及简编既备，栋宇落成，然后条列部目，按类陈列，典籍得其人，阅书定以时，以供专门之寻绎，以扩学者之见闻，庶载笔之儒，凌云之彦，专业是尚，师承并兴，即后来承学之士，亦兴起于斯,此则国学昌明之渐也。嗟乎!欧民振兴之基,肇于古学复兴之世,倭人革新之端,启于尊王攘夷之论,此非拘于则古昔、称先王之说也。盖国政浩繁,惟睹往轨者斯知来辙,非鉴于成宪,明其利弊之所在,无由试改革之端。且一国之立,必有特异之才,丰功伟烈,懿行嘉言,载籍浩博,班班可考,若能诵诗说书,知人论世,抒怀旧之蓄念,发思古之幽情,爱国之心既萌,保土之念斯切,国学保存,收效甚远。乃惟今之人不尚有旧图书,典籍弃若土苴,亦独何哉?夫《汉书》以下,均志艺文以迄于今,载越数千,虽篇目可按,而传书至稀。宋代以下,铅椠之设益繁,由今考之,十不存一。幸考古之家,尤多善本,左右采获,足备储藏,若失此不图,一经兵燹,销蚀散亡,虽欲聚书,亦无及矣。则聚书之法,不可不筹,而藏书之楼,必宜先设。世有知言之君子,或亦措意于兹乎?